铁路机务系统职场管理

封力民　彭苏亚　朱捷东　主编
孙　景　主审

TIELU JIWU XITONG
ZHICHANG GUANLI

中国铁道出版社
2017年·北京

内 容 简 介

本书针对铁路机务系统如何实际、实用、实效开展职场建设而编写，涵盖了机务系统职场建设的原则、范围、步骤和种类，引用了安全风险管理和现场可视化管理的基本理论。

本书共十四章，主要内容包括：机务职场管理基础知识、检修生产规范要求、线条颜色、安全警示标准、空间地名、地面通道、设备管路、物品材料、工具、班组及办公部门、工位管理、管理看板、外围环境和“十室三库一场”建设标准，针对每个项目明确标准、图解或图例，并配备现场图片作为实际案例进行说明。

本书适用于铁路机务系统职场建设和全面可视化管理的教育培训，也可作为铁路其他系统职场建设和管理的参考用书。

图书在版编目(CIP)数据

铁路机务系统职场管理/封力民，彭苏亚，朱捷东主编．—北京：中国铁道出版社，2013.12（2017.12重印）
ISBN 978-7-113-17783-6

Ⅰ.①铁… Ⅱ.①封… ②彭… ③朱… Ⅲ.①机车工程 Ⅳ.①U26

中国版本图书馆CIP数据核字(2013)第290553号

书　　名：铁路机务系统职场管理
作　　者：封力民　彭苏亚　朱捷东　主编

责任编辑：武亚雯　朱敏洁　**编辑部电话**：010-51873132　**电子信箱**：wyw716@163.com
封面设计：崔丽芳
版式设计：王海明
责任校对：孙　玫
责任印制：陆　宁

出版发行：中国铁道出版社(100054，北京市西城区右安门西街8号)
网　　址：http://www.tdpress.com
印　　刷：虎彩印艺股份有限公司
版　　次：2014年1月第1版　2017年12月第4次印刷
开　　本：787 mm×960 mm　1/16　**印张**：14.5　**字数**：282千
书　　号：ISBN 978-7-113-17783-6
定　　价：50.00元

Preface 前言

铁路机务职场管理是围绕“人、机、料、法、环、测”六大安全生产要素，以“安全第一”和“实际、实用、实效”为原则，通过推行安全风险管理和现场可视化管理，实现机务生产组织流程化、现场作业标准化、职场环境可视化、管理手段信息化、持续改进数据化和安全稳定常态化的管理机制。

由于机务系统现场的特殊性，如何实际、实用、实效开展职场建设一直困扰现场单位。《铁路机务系统职场管理》对机务职场管理的基础知识、检修生产规范要求、线条颜色、安全警示标准、空间地名、地面通道、设备管路、物品材料、工具、班组、办公部门、工位管理、管理看板、外围环境等14大类122项重点内容作了详细介绍，针对每个项目明确标准、图解和图例，并配备了428幅优秀图片作为实际案例进行说明。对铁路机务系统主要生产场所“十室三库一场”（机调室、派班室、待乘室、准备室、驻寓指导室、安全警示室、学习室、考试室、班组休息室、司机室、检修库、材料库、油库、整备场）提出了标准化建设的规范和要求，并配备了现场图片。

本书是在广州铁路（集团）公司副总经理孙景的指导下，由机务处组织编写。全书由封力民、彭苏亚、朱捷东主编，孙景主审。参与本书编写人员还有：孔彰名、言荣、王应芬、张焕池、周俊泽、龙兴勇、凌璋、罗刚、吕晏先等；审定人员还有：彭三友、黄国育、林海、钱向东、吴杰。

由于广州铁路（集团）公司机务系统开展职场标准化建设时间不长，本书成稿时间仓促，资料来源于各单位，在编写中难免存在疏漏和错误，敬请提出批评和指正意见。

编　者

2013年10月20日

Contents 目录

第一章　机务职场管理基本知识

第二章　机务职场规范要求

第三章　颜色线条标准

第四章　安全警示标准

第五章 空间地名标准

第六章 地面通道标准

第七章 设备管路标准

第八章　物品材料标准

第九章　工具器具标准

第十章 班组及办公部门管理标准

第十一章 工位管理标准

第十二章 管理看板标准

第十三章　外围环境标准

第十四章　“十室三库一场”建设标准

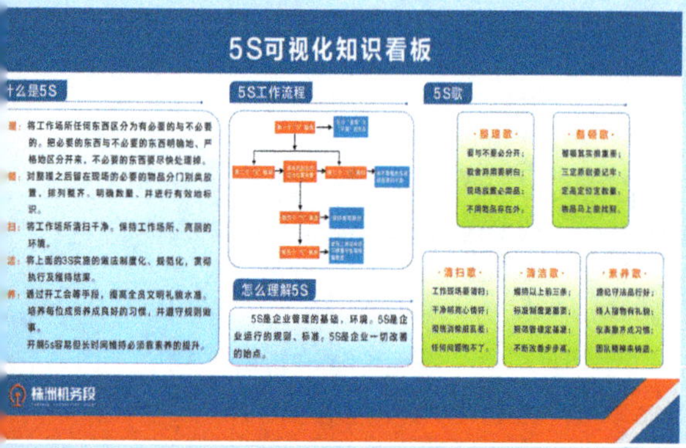
5S可视化知识看板
什么是5S
将工作场所任何东西区分为有必要的与不必要的。把必要的东西与不必要的东西明确地、严格地区分开来，不必要的东西要尽快处理掉。
对整理之后留在现场的必要的物品分门别类放置，排列整齐，明确数量，并进行有效地标识。
扫：将工作场所清扫干净，保持工作场所、亮丽的环境。
将上面的3S实施的做法制度化、规范化，贯彻执行及维持结果。
通过开工会等手段，提高全员文明礼貌水准。培养每位成员养成良好的习惯，并遵守规则做事。
开展5s容易但长时间维持必须靠素养的提升。
5S工作流程
怎么理解5S
5S是企业管理的基础，环境。5S是企业运行的规则、标准，5S是企业一切改善的始点。
5S歌
·整理歌·
·整顿歌·
·清扫歌·
·清洁歌·
·素养歌·
株洲机务段

第一章

机务职场管理基本知识

1.1 机务职场管理概述

机务职场管理是围绕“人、机、料、法、环、测”六大安全生产要素，以“安全第一”和“实际、实用、实效”为原则，通过推行安全风险管理和现场可视化管理，实现机务生产组织流程化、现场作业标准化、职场环境可视化、管理手段信息化、持续改进数据化和安全稳定常态化的管理机制。

1.2 机务职场管理的原则

（1）以“安全第一”和“实际、实用、实效”为准则。

（2）推行安全风险管理、现场可视化管理。

（3）对所有设备、物品进行定置管理。

（4）对现场进行色调管理，统一设计、制作全段的标示、铭牌。

1.3 机务职场管理的范围

（1）人：构建软硬件相结合的职工培训平台，包括：职工培训管理系统；远程教育网络；电化教室、工卡量具教室和钳工实作教室；开展职工技能培训和鉴定；编制带PPT、动画和真人视频的培训教材。

（2）机：突出“通道、流程、标准化工位”三个要素对库房进行标准化建设；突出“作业指导书、人性化作业平台、配件工具配送车”三大件对工位进行标准化设计。

（3）料：对机车配件、材料、工具实行配送制。

（4）法：建立健全职场环境管理的各项规章制度和标准，编制作业指导书、作业流程图和安全风险提示卡（简称一书一图一卡）。

（5）环：按照全面清理、高标定置和持续保持的原则规范作业场地；按照以人为本的原则改善班组生活环境。

（6）测：统一对工卡量具进行管理，实行配送制。

1.4 机务职场管理的步骤

（1）明确职场管理的目的。

（2）开展职场管理的宣传，营造氛围。

（3）制定职场管理的标准，确定方案。

(4)按照整理、整顿、清扫、清洁四个步骤对现场进行整治。

(5)实施全面可视化管理,做到视觉化、透视化和界限化。

(6)强化持续化管理,开展常态化的可视化检查评比和持续性的职场环境改善。

1.5　机务职场管理的种类

管理种类	适用事例
机务职场规范要求	主检修区、部件检修区、检修工艺流程再造、环境色彩
颜色线条	基本颜色标准、常用线条颜色规格
安全警示	安全色、安全标示、危险物品标示、安全警示标示
空间地名	建筑物编号、房间命名、区域铭牌
地面通道	安全通道、地面导向、股道地沟
设备管路	库内工装设备、转运机械设备、流体管道
物品材料	定量标示、配件材料存放
工具器具	各类工具、吊具、手套、清扫工具
班组级办公部门	物品管理、更衣室、生活室
工位管理类	工位管理要素、工位标示
管理看板	库房管理看板、材料配件管理看板
外围环境	道路、停车场、空间地面引导牌

第二章

机务职场规范要求

2.1 总体要求

(1)机务职场管理是围绕“人、机、料、法、环、测”六大安全生产要素，以“安全第一”和“实际、实用、实效”为原则，通过推行安全风险管理和现场可视化管理，实现机务生产组织流程化、现场作业标准化和职场环境可视化。

(2)机务职场管理要贯穿于机务安全生产的全过程，要落实在每一个生产岗位和生产场所。

(3)建立规范化生产领导机构、管理办法和考核机制，并随着生产发展，能够不断自我调整、自我完善，始终使机务职场管理保持较高的水准。

(4)机务职场管理的要点是定置管理和色调管理。

定置管理的精髓是“物有其位、物在其位、物流有序、合理定置”，并通过科学合理的工艺流程高效率地组织生产，减少工时消耗，提高生产效率，改变现场和班组环境，实现现场生产规范化。

色调管理用色调来区分人流和物流区域。

在设计定置和色调管理方案时，一是要体现机务生产工艺流程理念，科学合理地组织生产；二是要体现色彩的效能，在安全上起到警示作用，在作业上起到遵守作用，在情绪上起到稳定作用。

(5)机务职场管理标准要符合国家标准、铁路标准，体现铁路企业管理水平，统一使用各种安全标志、区域标示及状态标示。

(6)各种安全标志应根据生产场所特点，按照《安全标志》(GB 2894—1996)、《安全标志使用导则》(GB 16179—1996)统一配置并按规定悬挂。

(7)统一制作各种区域标示、状态标示，做到样式、字体、高度(悬挂高度)统一。

2.2 主检修区

(1)主检修区包括中修库、小辅修库等(图 2-1)。

(2)主检修库为机车主体解体、检修场所，原则上不进行部件检修。检修主库房、各作业区域应有与实物相符的定置管理图。

(3)检修库内架车机、落轮机、不落轮镟床、牵车机组、试验台等工装设备应遵循安全第一、符合工艺流程的原则，实施定置，应标明本设备状态、自检自修范围、操作规程及包修人。

(4)库房内工具箱(柜)、吊具、灭火器、地沟渡板、铁鞋等均应实行定置管理，其中大型灭火机定置摆放，手持灭火器应放置在统一的消防箱内，标明品种、数量及包保人。

(5)库房内的各种裸露管路、电线路应实行色标管理，安装高度统一、规范。

(6)大型吊具应有专用固定存放架，定置存放。主库内的各种小型吊具应放置于专用吊具柜内，按承载能力的大小，统一编号、顺序排列，柜内应有显示吊具种类、数量、保养责任人的明细和定置图，不合格的吊具禁止放入。

(7)库房内应设安全通道、作业区域，并按区域用途不同分别标示，区域界线以定置线为主，也可适当设置防护栏杆。不同定置区域的颜色、界线颜色及宽度，围栏高度、颜色应符合相应的标准。

(8)库房内应有根据机车解体、检修、组装、试验等不同修程而定置的检修台位，实施不同作业区域分离，并挂牌标示机车检修状态。

(9)机车检修时，应按网络图均衡组织生产。库房内不宜存放流转配件，不允许存放报废部件，对暂不能运输至检修区域或不能及时上车的配件，库房内要设置配件暂存区，机车顶盖须设专用的存放架。

(10)机车解体、组装台位两侧可配备工作平台。地沟两侧使用不锈钢包边，地面铺设花纹钢板。

实际案例

图 2-1　机车小辅修库

2.3　部件检修区

(1)部件检修作业区包括清洗解体库、电机库、转向架库、柴备库、轮对库和修配库等机车配件检修场所(图 2-2、图 2-3)。

(2)作业区内的物品全部实行定置,定置管理要做到图物对应,责任到人。作业区严禁摆放与生产无关的物品,并及时清理杂物。

(3)作业区工具柜内工具要分类、投影摆放,柜内应有显示工具种类、数量、保养责任人的定置图或明细表,严禁放置非工具物品。

(4)各种吊具管理要求对照本章第2.2节中第(6)项要求。

(5)作业区内的工装设备应采用色标管理。需重新喷漆的工装设备、工位器具等应按规定着色。

(6)大、中型转运机械设备(叉车、电瓶车、轨道电瓶车、平板车等)应设立专用停车位,应定置停放。

(7)各种运输小车应做到样式统一、规格系列化。

(8)配件存放架、柜等应按配件检修状态统一着色,实行色标管理。

(9)大型配件不准落地,应有配件待修、检修、合格、报废停放区域,配件分类存放、挂牌显示,实行色标管理。

(10)作业区内的各种安全警示牌应按国标配置,并按规定悬挂。

(11)工艺作业指导书、操作规程及作业区管理制度,应用A4纸打印成册,置于适当位置,便于查阅。

(12)清扫卫生的各种工具、物品、保洁器具应实施定置管理,专人负责。

实际案例

图2-2 受电弓检修库

图 2-3 转向架库

2.4 检修工艺流程再造管理要求

科学合理的工艺流程是高效率组织生产、保证生产现场文明化和确保机车检修质量的基本保障。

1. 设计原则

符合标准原则:流程再造设计要符合相关国家和铁路标准,满足现有检修机型的段修技术规程和工艺范围的要求。

整体综合原则:设计时应将设施布置有影响的所有因素都考虑进去,以达到优化的方案。

移动距离最小原则:减少工序间部件的运动距离。

流动性原则:设施布置应使配件在检修生产过程中流动顺畅,消除无谓停滞,力求生产流程连续化。

空间利用原则:生产区域或储存区域的空间安排,都应力求充分有效地利用空间。

柔性原则:应考虑各种因素变化可能带来的布置变更,以便于以后的扩展和调整。

通用性原则:工装设备的配置尽量具有通用性,满足不同机型需要。

信息化原则:检测、试验设备尽量具备带自动检测、记录功能,满足检修信息化建设要求。

安全原则:应有实用安全的人流、物流通道;应建立有安全防护的高压检测试验区,确保人身安全。

现场可视化管理原则:使用规范和美观的标示,提高现场可视化管理水平。标准化库房要突出“通道、流程、标准化工位”三个要素进行规划、布局，标准化工位要突出“作业指导书、人性化作业平台、配件工具配送车”三大件进行清理、改造。

2. 具体要求

检修工艺流程再造的重点范围是机车检修库和部件检修区。

机车和部件检修场地按作业项目分块设置。按照作业流程概念，明确划分待修区、分解、清洗、检修、组装作业区、试验区、良好配件存放区、报废区等，各工序清晰分置，流程顺畅，按现场5S管理的要求进行标示。

实行定置管理。作业区内全部物品要做到定置管理，确保“物有其位，物在其位，物流有序，合理定置”，明确机车和部件的检修区域。

工件按工作状态摆放，待修、待分解、待组装、待试验和待验收等工序分开放置，界限清晰。

检修现场清污分开。争取设置独立的清洗工位，尽可能避免清洗与检修共工位的现象。

强化工位制管理。工位制的要素包括符合人体力学的检修台，工位工作状态显示，现场布置安全风险、作业指导书或工艺图解，实现配件材料和工具配送，实行专人检修责任制和全面可视化管理。

作业区工具柜内工具要分类、投影摆放，柜内应有显示工具种类、数量、保养责任人的定置图或明细表，严禁放置非工具物品。

对作业区域、状态标示和配件存放架、柜等实行色标管理，推荐标准：

- 合格区（绿牌白字）
- 待修区、探伤区、检修区、料坯区、返修区、装卸区、燃料区、停车区（蓝牌白字）
- 废品区（黑牌白字）
- 试验区（黄牌黑字）

以上区域名称，可根据实际情况进行增减。

注意通道设置。实行人流与物流的分离。

检修设备及辅助设施按照生产流程进行布局、按照作业步骤和质量检验环节设置作业工位，做到检验环节有截断，实现检试分离。

优化辅助设施（风、水、电等）配置，争取相对集中，满足检修生产需要。

统一使用和制作各种区域标示、状态标示，做到样式、字体、高度（悬挂高度）统一。

2.5 环境色彩管理要求

1. 安全色的标准

“安全生产”是铁路运输永恒的主题，因此在环境色彩主色调的选择上，应以安全色为基本色调。颜色标号采用全国涂料和颜料标准化技术委员会发行的《漆膜颜色标准样卡》(GSB 05-1426—2001)。引用标准及资料如下：

- GB 2893—2001 《安全色》
- GB 2894—1996 《安全标志》
- GB 16179—1996 《安全标志使用导则》
- GSB 05—1426—2001 《漆膜颜色标准样卡》
- GB 7231—2003 《工业管道的基本识别色、识别符号和安全标示》
- GB 15052—1994 《起重机械危险部位与标志》
- GB 4053.3—1993 《固定式工业防护栏杆安全技术条件》
- 《铁路机械设备安全管理标准与法规汇编》(中国标准出版社 2004 年 5 月出版，书号 ISBN 7-5066-3400-7/TH.330)
- JB 2855—80 《机床涂漆技术条件》

2. 安全色的颜色表征及用途

安全色的颜色表征见本书第三章第 3.1 节。

对比色：红、蓝、绿色相应的对比色为白色；黄色相应的对比色为黑色；黑、白色互为对比色。

安全色与对比色的相间条纹：

- 红色与白色相间条纹：表示禁止人们进入危险的环境
- 黄色与黑色相间条纹：表示提示人们特别注意的意思
- 蓝色与白色相间条纹：表示必须遵守规定的信息
- 绿色与白色相间的条纹：与提示标志牌同时使用，更为醒目的提示人们

3. 库房色彩

库房外墙色彩应美观舒适、大方，能体现出企业文化和企业整体风貌，推荐选用白色、乳白、浅蓝、浅灰等颜色。

色彩标准见本书第三章第 3.1 节。

4. 区域色彩

色彩标准见本书第三章第 3.1 节。

5. 工业管道基本识别色及其含义

色彩标准见本书第三章第 3.1 节。

6. 起重机械设备（天车、架车机等）

（1）色彩标准见本书第三章第 3.1 节。

（2）起重机械设备危险部位与标志。

使用黄黑相间标志的部位包括：吊钩滑轮组侧板；取物装置和起重横梁；移动式司机室的走台与梯子接口处的防护栏杆。

标志红色的安全装置包括：止轮器、缓冲器（橡胶缓冲器除外）端部；扫轨板整体；轨道端部止挡整体；紧急开关按钮、把柄；过卷扬限制器重锤。

7. 机床类

机床类涂漆的颜色应美观大方、色调和谐，一般选用苹果绿、天蓝、绿灰色、奶黄色。对明显不安全的部位（如大型机床容易与吊车相撞的部位）应采用黄色与黑色相间的条纹。

安全标志用红色。

色彩标准见本书第三章第 3.1 节。

8. 地沟

色彩标准见本书第三章第 3.1 节。

9. 防护栏杆

离地高度小于 20 000 mm 的通道、平台及作业场所的防护栏高度宜为 1 050 mm；在离地高度大于或等于 20 000 mm 高的平台、通道及作业场所的防护栏杆不得低于 1 200 mm。

防护栏杆颜色根据用途，可分为：禁止进入、跨越的处所，防护栏杆表面颜色为红色与白色相间条纹；警告、危险处所，防护栏杆表面颜色为黄色与黑色相间条纹。

防护栏杆的材质及焊接要求依照 GB 4053.3—1993。

库房防护栏标准见本书第三章第 3.1 节。

10. 钳台

钳台表面为本色。

钳台防护网为绿色。

钳台架为灰色。

11. 标示

（1）各种安全标志、区域标示、状态标示应统一样式、悬挂高度。

(2)安全标志按照 GB　2894—1996、GB　16179—1996 执行。

(3)区域标示。

区域名称、颜色：

- 合格区(绿牌白字)
- 待修区、探伤区、检修区、料坯区、返修区、装卸区、燃料区、停车区(蓝牌白字)
- 废品区(黑牌白字)
- 试验区(黄牌黑字)

以上区域名称,可根据实际情况进行增减。

区域标牌尺寸标准见本书第五章第 5.3 小节。

区域标牌字体规格标准见本书第五章第 5.3 小节。

(4)状态标示。

状态标示名称、颜色：

- 合格(绿牌白字)
- 待修、探伤、检修、料坯、返修、装卸、燃料(蓝牌白字)
- 废品(黑牌白字)
- 试验(黄牌白字)

以上状态名称,可根据实际情况进行增减。

状态标牌规格标准见本书第十章第 11.6 节。

12. 工位器具标示

配件、材料存放架：

- 合格品摆放料架为淡绿
- 待修品摆放料架为海蓝
- 废品摆放料架为黑色
- 材料存放架为灰色

13. 工作平台

工作平台高度依据人体力学设计。

工作台规格标准见本书第八章第 8.5 节。

14. 机械动力设备状态标示

良好设备为绿色,合格设备为黄色,不合格为红色。

和谐

第三章

颜色线条标准

3.1 基本颜色标准

库房颜色

项　　目	颜色名称	标准样色	国标号
库房围墙	冰灰色		GY09
围墙栅栏	冰灰色		
库房内墙	乳白色		Y11
库房外墙	海灰色		B05
库房地面	自定义		
库房墙裙	米黄色		Y12
登高梯扶手	淡黄色		Y06
登高梯踏面	海灰色		B05
库房墙角线	淡蓝色		B11

办公室颜色

项　　目	颜色名称	标准样色	国标号
内墙	乳白色		Y11
踢脚线	深色调		
地面	浅色调		
桌子	本色		
凳子	本色		
更衣柜	冰灰色		GY09
门	本色		

管道颜色

项　　目	颜色名称	标准样色	国标号
氧气、压缩空气管道	海蓝色		PB05
自来水、冷却水管道	淡绿色		G02
消防水管道	大红色		R03
工业废水	黑色		
高温水管	银灰色		B04
电力、照明、通信和信号	本色		

设备颜色

项　　目	颜色名称	标准样色	国标号
变压器、消防设备、消防器材	大红色		R03
配电柜、风机、发电机、水泵及电机	银灰色		B04
散热器、空压机、压力容器	冰灰色		GY09
真空罐、干燥机	白色		
锅炉本体	艳绿色		G02
机床	艳绿色		

安全警示颜色

项　　目	颜色名称	标准样色	国标号
隔栏、安全网、罩、定置线	淡黄色		Y06
警示线、方向箭头	淡黄色		Y06
安全通道标线	苹果绿色		G01
存放架	淡蓝色		B11
支撑架	黄黑间隔色		
工作平台	灰色		GY09
叉车	橘红色		R05
突出等警告警示	黄黑间隔色		

3.2　常用线条颜色规格

项　　目	颜色名称	标准样色	规格(mm)	备注
区域划分线	黄色		50	黄色地面时使用白色
通道警示线			50～100	
台阶警示线			30	
可移动物品区域线			50	
不可移动物品区域线			50	
消火栓	红色		50	红色地面使用斑马线
危险区域			50	
灭火器			50	
警告标示	黑黄线		50～100	
防护栏			50～100	
突出物			50～100	
安全通道	绿色		1 200～1 500	绿色地面时使用蓝色

第四章

安全警示标准

4.1 安全色

红色：表示禁止、停止、危险以及消防设备的意思。用途：凡是禁止、停止、消防和有危险的器件或环境均应涂以红色的标记作为警示的信号。

黄色：表示提醒人们注意。用途：凡是警告人们注意的器件、设备及环境都应以黄色标示(如段内危险机器和坑池边周围的警戒线、行车道中线、机械上齿轮箱内部、安全帽)。

蓝色：表示指令，要求人们必须遵守的规定。用途：指令标志(如必须佩戴个人防护用具，道路上指引车辆行人行驶方向的指令等)。

绿色：表示给人们提供允许、安全的信息。用途：库房内安全通道、行车和车辆的通行标志。

4.2 安全标志

安全标志是用以表达特定安全信息的标志，由图形符号、安全色、几何形状(边框)或文字构成。包括禁止标志、警告标志、指令标志和提示标志四大类型。

1. 安全标志牌标准

安全标志牌须包括标志和辅助文字两部分(图 4-1)，文字辅助标志的基本形式是矩形边框。文字辅助标志横写时，文字辅助标志写在标志的下方。禁止标志、指令标志为白色字；警告标志为黑色字。禁止标志、指令标志衬底色为标志的颜色，警告标志衬底色为白色。

2. 安全标志牌的设置及使用要求

标志牌应设置在明亮的环境中，设在与安全有关的醒目地方或有关场所的入口处，并使大家看见后，有足够的时间来注意它所表示的内容。标志牌设置的高度，应尽量与人眼的视线高度相一致。悬挂式和柱式安全标志牌的下缘距地面的高度不宜小于 2 000 mm。

安全标志牌的固定方式分附着式、悬挂式和柱式三种。

标志牌不应设在门、窗、架等可移动的物体上，以免这些物体位置移动后，看不见安全标志。标志牌前不得放置妨碍认读的障碍物。

多个标志牌在一起设置时，应按警告、禁止、指令、提示类型的顺序，先左后右、先上后下排列(图 4-1)。

安全标志牌每半年至少检查一次，如发现有破损、变形、褪色等不符合要求时应及时修整或更换。

实际案例

图 4-1　安全警示牌

4.3　安全标志及标志牌示例

1. 禁止标志

标　准

(1)在特殊的地方悬挂相应禁止的标志牌，杜绝不安全的行为发生。

(2)制作长方形标志牌，明确禁止内容及图案(图 4-2)。

(3)禁止标志牌应悬挂或张贴在显眼的地方。

(4)规格：250 mm×300 mm。

(5)材料：PC 板单面印刷。

(6)色彩要求：外圈和斜杠为红色。

图　解

图 4-2　标志规格

图　例

图 4-3　禁止标志

2. 警告标志

标　准

(1)在存在安全隐患的地方悬挂相应的警示性标志牌，预告危险发生的可能，确保安全。

(2)制作三角形标志牌，明确警示内容和图案(图 4-4、图 4-5)。

(3)警告标志牌应悬挂在显眼的地方。

(4)规格：250 mm×300 mm。

(5)材料：PC 板单面印刷。

(6)色彩要求：黑色图案，黄色衬底。

图　解

图 4-4　标志规格

图　例

图 4-5　警告标志

3. 指令标志

标　准

(1)在必须穿着或设置保护用品的地方悬挂相应的指令标志牌,目的是提示使用保护性用具,防止发生工业意外,确保安全。

(2)制作长方形标志牌,明确保护性指令内容及图案(图 4-6、图 4-7)。

(3)在必须穿着或设置保护用品的地方悬挂相应指令标志牌。

(4)指令标志牌应悬挂在显眼的地方,离地面高度 2 200 mm。

(5)规格:250 mm×300 mm。

(6)材料:PC 板单面蓝色印刷。

图　解

图 4-6　标志规格

图　例

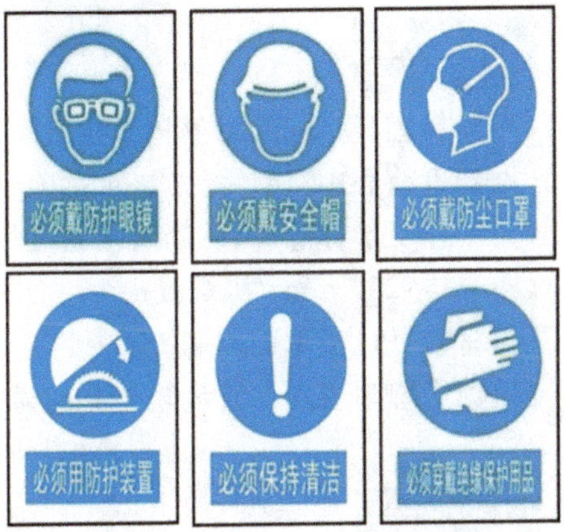

图 4-7　指令标志

4. 消防提示标志

标　准

(1)消防设施和通道悬挂或张贴相应的消防提示标志,提示消防通道所在,并在发生火灾或紧急情况时提示使用。

(2)制作长方形标志牌,明确消防提示内容和图案(图 4-8、图 4-9)。

(3)消防标志牌应悬挂或张贴在显眼的地方。

(4)规格:500 mm×300 mm。

(5)材料:PC 板单面印刷,绿色图案。

图 解

图 4-8　标示规格

实际案例

图 4-9　紧急出口标牌

4.4　危险物品标志

标 准

(1)对易燃、易爆、有毒等化学物质及其保管场所进行标示,明确表示存放的危险物品,做到事前心中有数,经常提示危险物品的性质,预防化学危险事故的发生。

(2)制作菱形标志牌,明确危险物品的内容和图案(图 4-10)。

(3)规格:250 mm×250 mm。

(4)材料:PC 板单面印刷。

(5)标志牌附着在保管危险物品的显眼位置或出入口正面(图 4-11)。

图 解

图 4-10　标志规格

实际案例

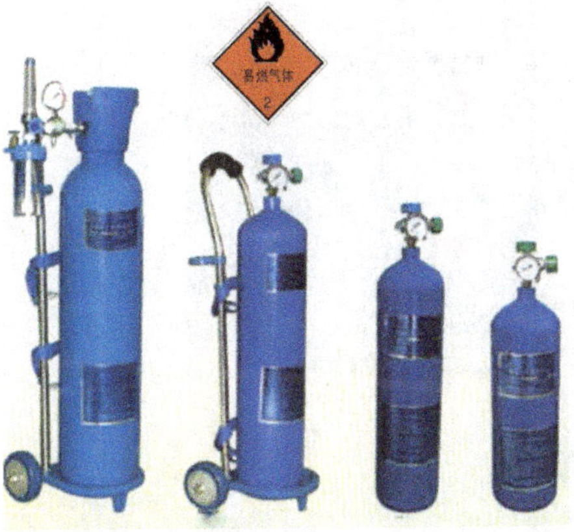

(a)

(b)

图 4-11　危险物品标志

4.5　安全警示标志

1. 消防设施

标　准

(1)消防设施周边用黄色定置标签确定位置，并在其正上方，紧挨墙裙线粘贴铭牌。

(2)在灭火器柜体粘贴有图例的使用方法，右侧正上方粘贴管理责任人卡，印刷内容如图 4-12(a)、(b)所示。

(3)制作消防设施标志牌，悬挂或张贴在显而易见的地方(图 4-13)。

(4)规格：250 mm×300 mm，责任人卡 90 mm×60 mm。

(5)正面印刷“灭火器”或“消火栓”，红色或蓝色字样。

(6)铭牌采用 PC 板单面印刷，标示采用不干胶印刷。

图 解

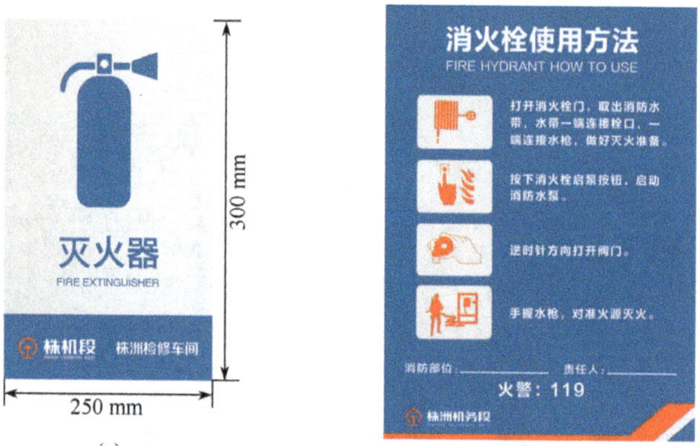

(a)　(b)

图 4-12　标志规格

实际案例

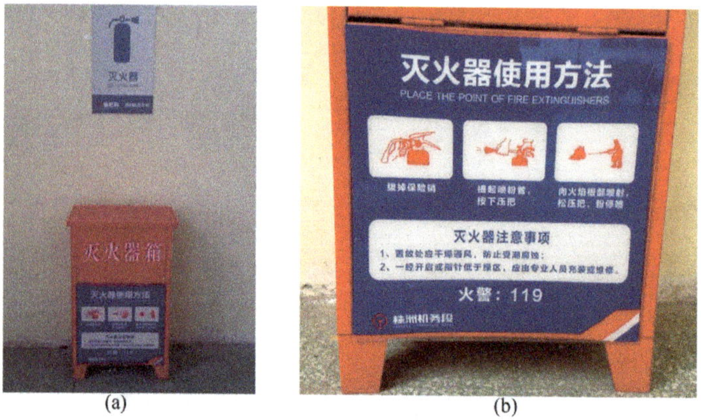

(a)　(b)

图 4-13　灭火器标志

2. 移动式止轮器警示牌

标 准

(1)采用带竖立式标示牌与止轮器安装在一起(图 4-14)。

(2)竖立式红色安全牌底面距离地面高 1 000 mm,标示牌为红底白字底座。

(3)规格:底座尺寸，650 mm×500 mm;标示牌尺寸:300 mm×300 mm。

(4)存放区域划分线规格:线宽 50 mm,黄色。

(5)止轮器安装铁链固定在区域内。

实际案例

图 4-14　移动式止轮器

3. 安全护栏

标　准

(1)在不小心容易坠落的地方及带电器械设置安全防护栏,提供检查通道和平台。

(2)安全防护栏要易于拆除(图 4-16)。

(3)安全防护栏颜色为黄黑相间,黄色宽度根据区域大小自定义,黄黑宽度比为 1∶1(推荐:50 mm、100 mm、200 mm)(图 4-15)。

图　解

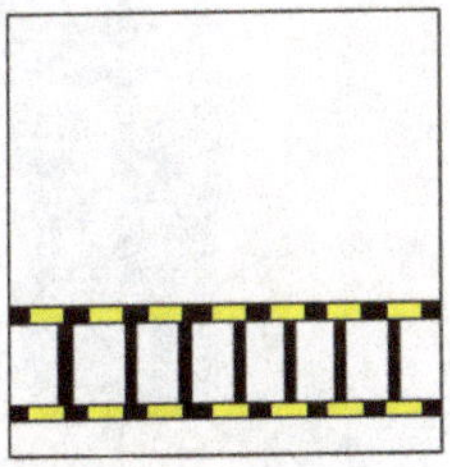

图 4-15　安全护栏规格

实际案例

图 4-16　安全护栏

4. 墙角、作业架标示

标　准

(1)拐角防护、作业架等凸出物统一采用黄黑两色交替45°斜线,左低右高。黄、黑两色应与拐角防护、作业架本色有明显区分(拐角防护、作业架本色为非黑色时,拐角防护头顶的三角形刷黑色;反之刷黄色)(图4-18)。

(2)同一场所涂刷的拐角防护应与周围环境相协调。拐角防护涂刷高度与墙裙同高,宽为50 mm的黄黑色相间线。作业架采用黄黑两色交替环状线。

(3)材料:墙角采用50 mm角铁(图4-17)。

如图4-17所示。

图　解

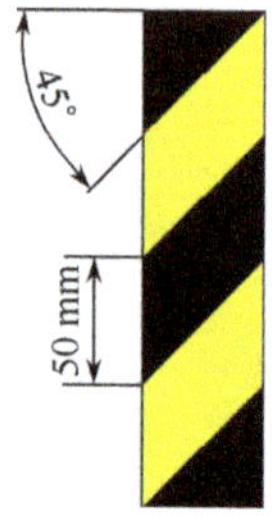

图4-17　标示规格

实际案例

图4-18　作业架、墙敦标示

5. 天车车钩

标　准

(1)使人员在作业过程中能及时发现天车车钩，对车钩进行标示。

(2)在车钩表面涂刷黄黑两色交替 45°斜线，左低右高(图 4-19、图 4-20)。

(3)黄黑色相间线宽度为 50 mm。

图　解

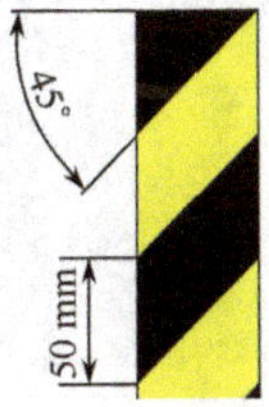

图 4-19　标示规格

实际案例

图 4-20　天车车钩

6. 地沟渡板

标　准

(1)对横跨铁轨地沟过渡板进行标示，提示使用人员注意安全。

(2)渡板表面涂刷铁红色油漆作为底色，渡板边缘涂刷黄色线条(图 4-21、图 4-22)。

(3)规格：视轨道宽度而定，黄边宽度 50 mm。

图　解

图 4-21　渡板规格

实际案例

图 4-22　渡板实例

7. 地沟台阶

标　准

(1)对地沟台阶与地面过渡区进行标示，提示人员注意安全。

(2)在地面与地沟台阶接触位置涂刷黄色警示线，黄色线宽 50 mm。

(3)对各股道进行编号，推荐颜色：蓝底白字(图 4-23)。

(4)规格：自定义。

实际案例

图 4-23　地沟台阶

8. 管理责任人

标　准

(1)对库房、班组、办公室等场所摆放的物品粘贴管理责任人标签，图 4-24 所示。

(2)规格：90 mm×60 mm，不干胶单面印刷(图 4-24)。

(3)在相应栏上注明物品名、所属部门、责任人、清扫周期、清扫标准等(图 4-24)。

(4)标签粘贴在物品的显眼位置。

图　解

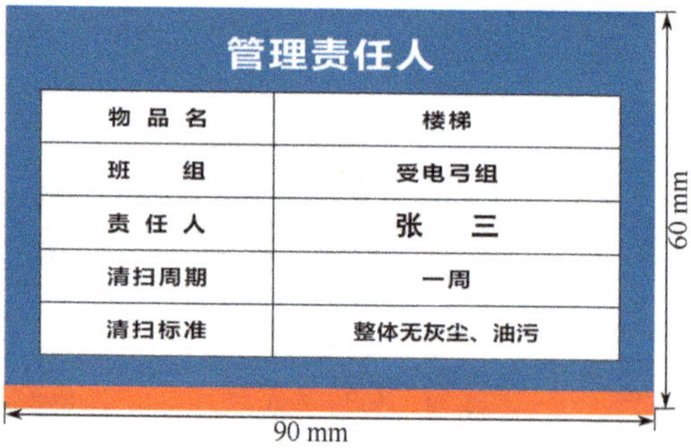

图 4-24　标示规格

9. 高压电器柜

标 准

(1)装有高压电源的地方制作触电警示标志及开关标示(图 4-26)。

(2)在高压电器柜的正中间粘贴触电警示标示,并在其右上角粘贴责任人卡。

(3)在钥匙孔的位置粘贴开关方向标示,方便遇到紧急事情时及时打开柜门。

(4)规格:200 mm×300 mm。

(5)材料:PC 板单面印刷或不干胶(图 4-25)。

图 解

图 4-25 标志规格

实际案例

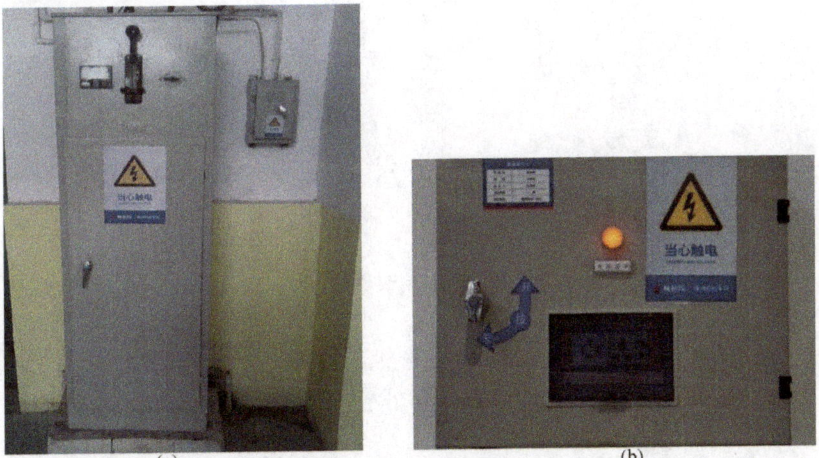

(a) (b)

图 4-26 高压电器柜标志

第五章

空间地名标准

5.1 库房铭牌标示

标　准

(1)统一规划各库房、办公楼等主体建筑的名称,粘贴在显眼的位置。

(2)规格:视库房大小自定义,但全段要求样式及规格统一(图5-1、图5-2)。

(3)推荐字体:PC板单面印刷字体为加粗、黑体、蓝色;金属字为楷体、加粗、金色。

(4)材料:PC板单面印刷或金属字。

图　解

图5-1　标示规格

实际案例

(a)　(b)

图5-2　铭牌实例

5.2 房间铭牌标示

标　准

(1)统一规划房间名称,标示牌粘贴于房间显眼位置(图5-4)。

(2)标示牌由主体和嵌条两部分组成(图5-3)。

(3)推荐规格:300 mm×120 mm,底色为浅灰色,嵌条为蓝色,宽 30 mm。

(4)推荐字体:加粗、黑体、蓝色、字高(中文字 55 mm,英文字 25 mm)。

(5)嵌条可以添加段名称或 LOGO。

(6)材料:PC 板单面印刷。

图 解

图 5-3 铭牌规格

实际案例

(a) (b)

图 5-4 铭牌实例

5.3 库房内区域划分标示

标 准

(1)统一规划库房各区域范围和界限的标示、名称(图 5-6)。

(2)区域铭牌规格:标牌 500 mm×300 mm,牌高:1 100 mm(图 5-5)。

(3)区域间用黄色线进行划分,规格:宽 50 mm。

(4)单面印刷不干胶,字体为黑体,字高 300 mm。

(5)地贴粘贴在区域正前方的地面,区域铭牌摆放在区域适当位置。

图　解

图 5-5　标示牌规格

实际案例

(a)

(b)

图 5-6　标示实例

5.4　楼层标示

标　准

(1)统一规划各建筑物楼层层数的标示。

(2)推荐规格:直径 300 mm,白色圆环宽度 10 mm,内径 270 mm。

(3)底板颜色为蓝色,字体为白色,黑体加粗。

(4)推荐材料:PC 板单面印刷。

(5)统一粘贴各楼层的入口处。

(6)地表所在的楼层标示为1F,向上类推为2F、3F、4F……NF;地下为－1F、－2F……－NF(图5-7)。

图　解

图5-7　楼层标示规格

5.5　楼梯引导标示

标　准

(1)在楼梯拐弯处的显眼位置表明现在所处的位置,提示前进的方向和楼层(图5-9)。

(2)标示牌:上半部,白底黑字,蓝色箭标。

　　　　　下半部,蓝底白字,白色箭标。

(3)推荐规格:220 mm×200 mm,字体为黑色,字高50 mm(图5-8)。

(4)推荐材料:PC板单面印刷。

(5)统一粘贴在楼梯拐弯处。

图　解

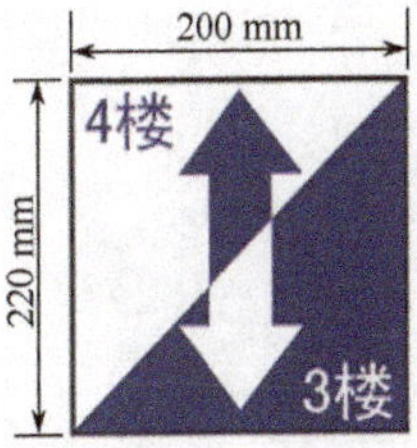

图5-8　引导标示规格

实际案例

图5-9　标示实例

5.6 股道编号标示

标　准

(1)统一规划各个股道的编号。

(2)粘贴或涂刷在股道两头第一层台阶(图5-10)。

(3)内容:"××道",蓝底白字。

(4)编号规格:半径75 mm的圆。

实际案例

图5-10　股道编号

5.7 仓库区域铭牌标示

标　准

(1)统一规划仓库区域的名称(图5-11)。

(2)规格:800 mm×400 mm,字体为黑体,字高300 mm。

(3)吊挂在天花板或者横梁下(图5-12)。

图　解

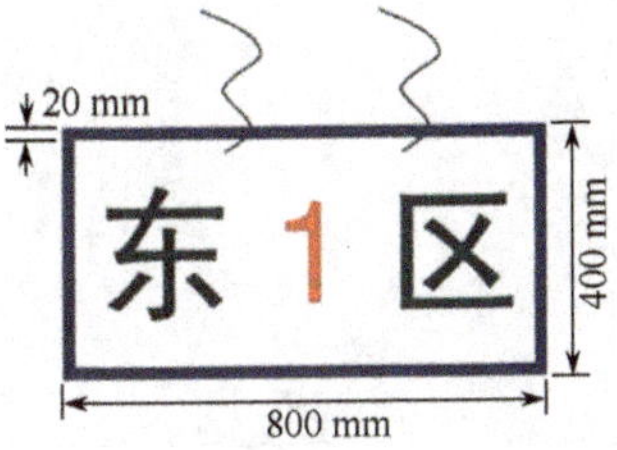

图 5-11　铭牌规格

实际案例

图 5-12　区域铭牌

第六章

地面通道标准

6.1 安全通道

标　准

(1)统一规划库内人行通道的范围和安全区域,在特定的通道地面涂刷颜色。

(2)地面材料为环氧树脂、自流坪、金刚砂等(图 6-2)。

(3)安全通道内为淡绿色,两边警示线为淡黄色;或者仅用淡黄色警示线标示安全通道的范围(图 6-1)。

(4)规格:通道推荐宽度 400～1 500 mm,黄色警示线 50～100 mm。

图　解

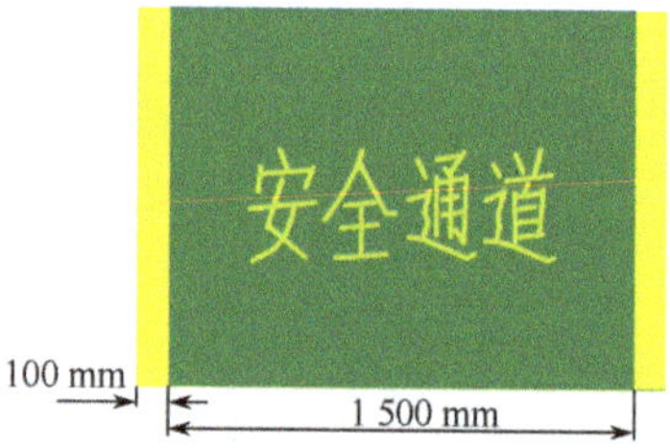

图 6-1　安全通道规格

实际案例

(a)

(b)

图 6-2　安全通道实例

6.2　地面导向标示

标　准

(1)统一规划库内安全通道交叉路口的方向引导。

(2)方向标示注明引导的地点和方位(图 6-4、图 6-5)。

(3)行走方向箭头用淡黄色标示。

(4)根据方向的不同,制作多种方向标示。

(5)推荐规格(图 6-3)。

(6)材料:不干胶或喷漆。

图　解

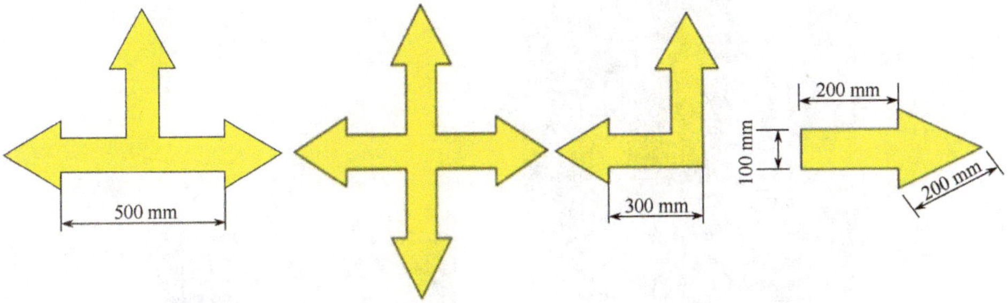

图 6-3　导向标示规格

图　例

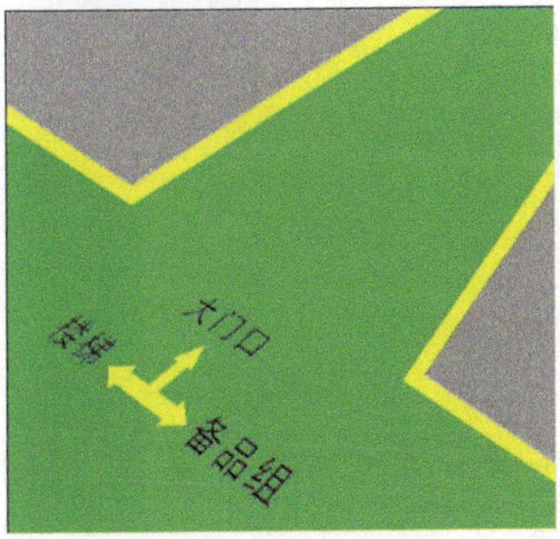

图 6-4　通道导向标示

实际案例

图 6-5　地面导向标示

6.3 库房登高梯

标　准

(1)对所有登高梯进行色标管理,提示安全。

(2)楼梯阶梯选用海灰色,安全扶手选用黑黄相间警示色〔图 6-6(a)〕。

(3)黑黄相间警示色比例 1∶1。

(4)警示牌规格:蓝底白字,300 mm×150 mm。

实际案例

(a)　　　　(b)

图 6-6　登高楼梯实例

6.4 股道地沟

标　准

(1)统一规划库内股道地沟的设置要求。

(2)地沟底部表面选用海灰色花纹钢板,地沟两旁设置排水槽(图 6-7)。

(3)地沟墙面推荐采用 304 不锈钢封闭。

(4)在适当位置放置地沟渡板,地沟以及渡板周边应用黄色警示线标出。

实际案例

图 6-7　地沟实例

第七章

设备管路标准

7.1 架车机

标　准

(1)架车机摆放在库房内指定位置,周边用黄色定置标签确定位置〔图 7-1(a)〕。
(2)对库内所有的同类架车机进行编号。
(3)在架车机一侧的中间位置粘贴编号、标牌以及管理责任人卡〔图 7-1(b)〕。
(4)规格:管理责任人卡 90 mm×60 mm;编号规格 30 mm×30 mm。

实际案例

(a)

(b)

图 7-1　架车机

7.2 电机翻转机

标　准

(1)对电机翻转机实行定置管理。
(2)电机翻转机表面涂刷艳绿色,并用黄色定置标签确定位置(图 7-2)。
(3)制作管理责任人卡粘贴在显眼位置。
(4)电机翻转机操作指导书粘贴在操作位置。
(5)操作指导书规格:300 mm×200 mm。

实际案例

图 7-2 电机翻转机

7.3 钳台类设备

标 准

(1)对钳台实行定置管理。

(2)钳台采用现代化,人性化的设计,设有防护网、照明灯及电源插座(图 7-3)。

(3)制作管理责任人卡粘贴在显眼位置。

(4)钳台集中存放时(如钳工房),实行编号管理,粘贴在钳台防护网上方靠外侧,编号规格:30 mm×30 mm。

实际案例

图 7-3 钳工台

7.4 机床类设备

标　准

(1)对机床类设备实行定置管理(图 7-4)。

(2)机床表面一般采用艳绿色。

(3)制作管理责任人卡粘贴在显眼位置。

(4)对存在明显不安全的部位(如大型机床容易与吊车相撞的位置)应采用黄色和黑色相间的条纹。

(5)机床操作指导书粘贴在操作位置。

(6)周边用黄色定置标签确定位置。

实际案例

图 7-4　机床

7.5 小型起吊设备

标　准

(1)在库内设定专门的吊车停放位置。

(2)在吊车支架适当位置标明型号、规格及管理责任人(图 7-5)。

(3)责任人卡粘贴在显眼位置,编号粘贴在距离地面 1 800 mm。

(4)规格:直角标签 25 mm×25 mm,管理责任人卡标示 90 mm×60 mm,编号 30 mm×30 mm。

图 解

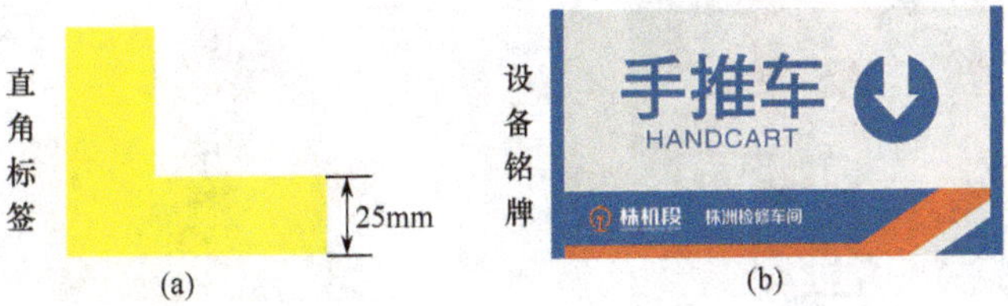

图 7-5 标签铭牌规格

实际案例

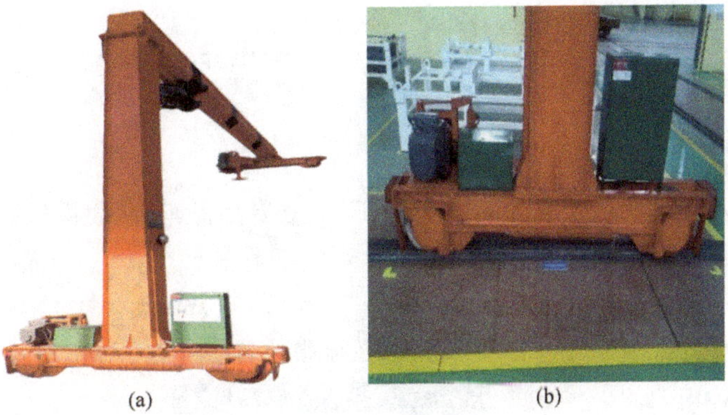

图 7-6 起重机

7.6 大型起吊设备

标 准

(1)天车表面选用橘红色〔图 7-7(a)〕。

(2)天车在其操作室一侧设置警铃,并保持良好状态。

(3)天车门窗关闭状态良好,操作室门能锁闭〔图 7-7(b)〕。

(4)管理责任人卡和操作指导书粘贴在显眼位置。

实际案例

(a) (b)

图 7-7 天车

7.7 库内转运机械设备

标准

(1)对库内转运机械设备实行定置管理,设立专用停车位,使用后归位。

(2)在停车位一侧粘贴编号和铭牌(图 7-8)。

(3)规格:铭牌 300 mm×20 mm,编号 30 mm×30 mm。

(4)管理责任人卡和操作指导书粘贴在显眼位置。

图解

图 7-8 停放点标示

实际案例

(a) (b)

图 7-9 电动平板车、叉车

7.8　电瓶车

标　准

(1)对电瓶车实行定置管理,设立专用停车位,并用黄色油漆线划分区域,划分线宽规格 50 mm(图 7-10)。

(2)根据运用种类的不同,电动车可以用不同颜色区分,专用电瓶车涂刷红色,公用电瓶车涂刷绿色。

(3)门窗关闭状态良好,司机室门能锁闭。

(4)管理责任人卡和操作指导书粘贴在显眼位置。

实际案例

(a)　(b)

图 7-10　电瓶车

7.9　工装设备操作指导书

标　准

(1)对各型工装设备均设置操作指导书,明确操作技术要点,安全风险。

(2)工装设备操作指导书使用照片和文字相结合的形式〔图 7-11(a)、(b)〕。

(3)操作指导书粘贴在工装设备的合适位置。

(4)规格:400 mm×300 mm。

实际案例

(a)

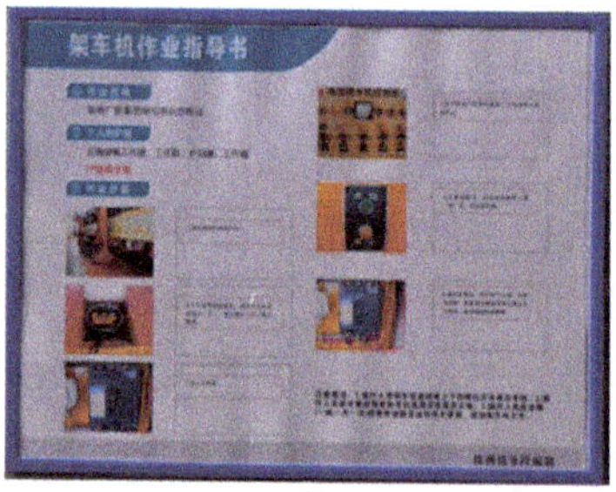

(b)

图 7-11　驾车机作业指导书

7.10　管路、电路

标　准

(1)明确管道、电路的种类,并注明管路运输流向(图 7-13)。

(2)管道、电路管理按色标要求涂刷颜色,色彩标准见第三章第 3.1 节。

(3)制作不干胶标签或 PC 板,标签上标明流体的名称、流向。

(4)标示规格:300 mm×120 mm;粘贴位置:PC 板粘贴在距管道一侧 100 mm 位置与管道平行,或不干胶标签粘贴在管道表面中间位置(图 7-12)。

图　解

图 7-12　标示规格

实际案例

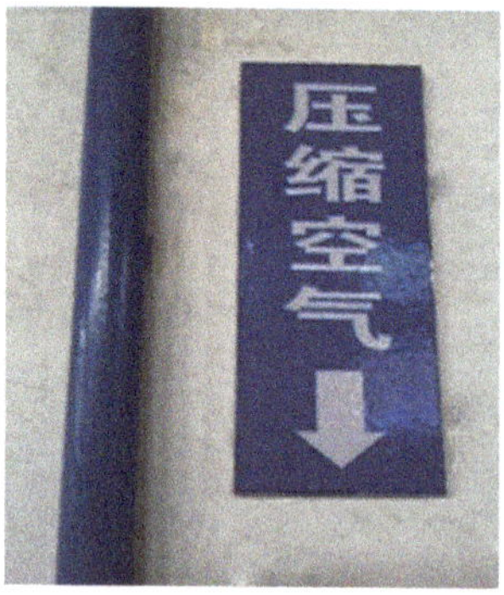

图 7-13　压缩空气

7.11　阀类

标　准

(1)阀门用文字及箭头标明“开”、“关”。

(2)规格:根据阀门的大小自定义(图 7-14)。

图　解

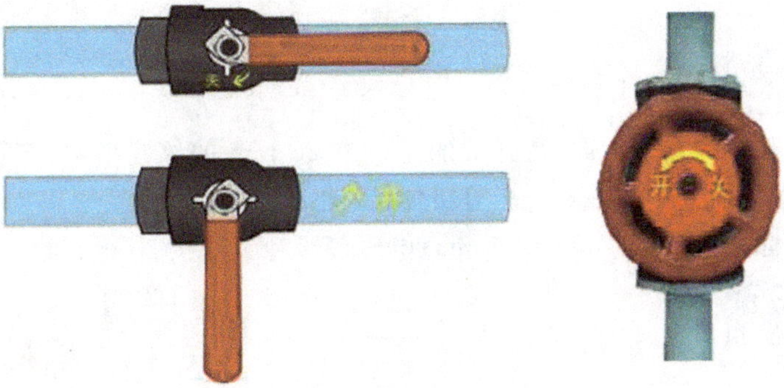

图 7-14　标示规格

7.12　地面小型电器设备防护盖板

标　准

(1)对库内埋藏于地面的小型电器设备控制盒使用盖板进行安全防护,做到防水、防踩踏(图 7-16)。

(2)防护盖板紧贴地面,高度适中,四周带斜度,不会绊倒行人,有抗踩踏的强度,并在盖板正中间粘贴警示标志(图 7-15)。

(3)规格:盖板边长按照所覆盖的设备尺寸进行设计,警示标志为边长 150 mm 的正三角形;推荐材质为 304 不锈钢。

图 解

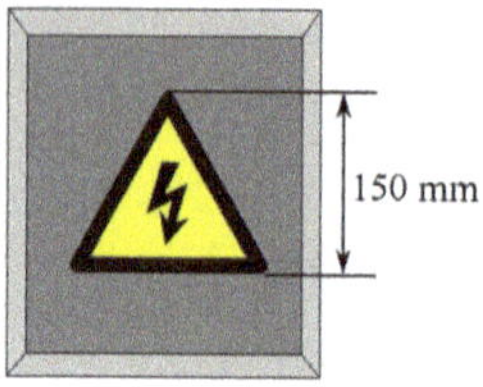

图 7-15　防护盖板规格

实际案例

图 7-16　架车机电源控制插座盖板

7.13　开关和电源插座

标 准

（1）明确开关的开关方向，在开关的正上方 20 mm 的位置粘贴（灯管与开关对应图），电源插座和插头一侧粘贴电压等级标示（图 7-17、图 7-18）。

（2）开关标示规格：90 mm×90 mm；电压等级标示边长 20 mm 的三角形。

图 解

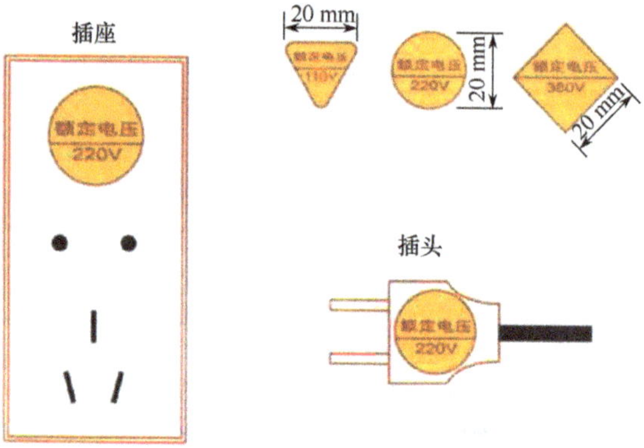

图 7-17　标示规格

实际案例

图 7-18　电源开关

7.14　指纹录入器

标　准

（1）根据人员流量，在适当位置设立指纹录入器，方便指纹的录入（图 7-20）。

（2）指纹录入器安装位置：距离地面 1 160 mm，两指纹机间隔 250 mm（图 7-19）。

（3）制作管理标签，规格：300 mm×150 mm。

（4）材料：PC 板单面印刷。

图　解

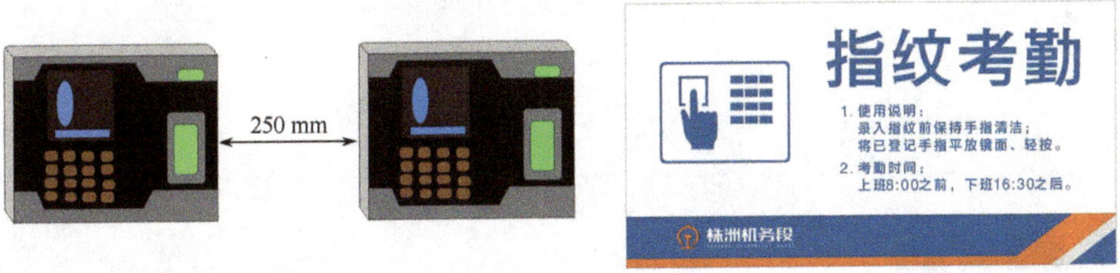

图 7-19　标示规格

实际案例

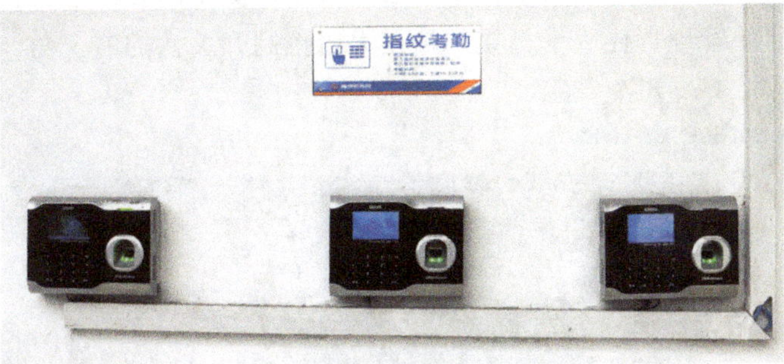

图 7-20　指纹考勤器

7.15　库内风扇

标　准

（1）制作风扇防尘罩，尺寸依照风扇的形状。

(2)在不使用电风扇的季节对风扇进行检修和除尘,套上风扇防尘罩(图 7-21)。
(3)防尘罩颜色选用海蓝色,正面可印制单位简称、编号。

实际案例

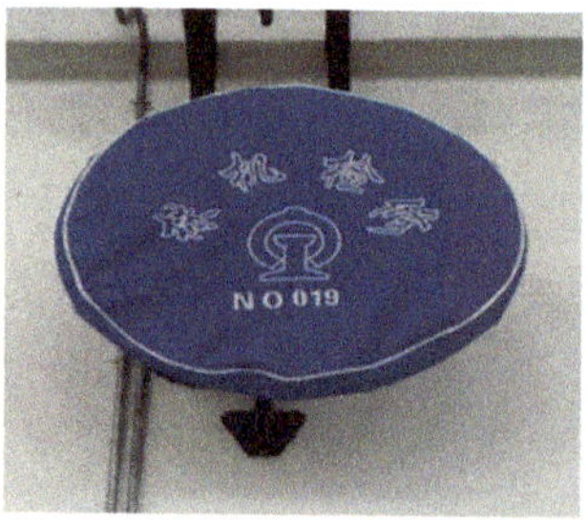

图 7-21　库房风扇罩

7.16　库房门

标　准

(1)铁制大门涂刷海灰色;提升门内侧涂刷海灰色,外侧涂刷淡蓝色(图 7-22)。
(2)铁制大门的管理责任人卡标签粘贴在大门内侧中间显眼位置。
(3)提升门的管理责任人卡标签粘贴在大门控制开关盒的右上角。

实际案例

图 7-22　库房门铭牌

7.17 出入门牌标示

标 准

(1)对生产现场、办公室各种门进行管理,方便开门出入。

(2)粘贴固定门、出入门,规格:60 mm×150 mm(图 7-23)。

(3)张贴推、拉标签,规格:60 mm×60 mm。

(4)双门:固定门上贴固定门牌;活动门上贴活动门牌,粘在门锁中心线上方 40 mm处,两个门牌高度一致,左右距离一致;在出入门牌正上方 20 mm 处,贴上“推”字牌,并在门背面贴上“拉”字牌。

(5)单门:在门锁正上方 40 mm 处,贴上“推”字牌,在门背面贴上“拉”字牌,高度与“推”一样(图 7-24)。

(6)玻璃门:在距离地面 1 400 mm 处,距玻璃门最外边 5 mm 粘上“推”,玻璃背面粘上“拉”,位置一样。

(7)玻璃门中间位置粘贴提示标示。

图 解

图 7-23 标示规格

实际案例

(a) (b)

图 7-24 调度室大门

第八章

物品材料标准

8.1 配件放置区标示

标 准

(1)统一规范配件材料摆放的区域的标示,确保配件定点放置(图 8-2)。

(2)在配件材料放置区域前面竖立标示牌。

(3)统一规格(图 8-1)。

图 解

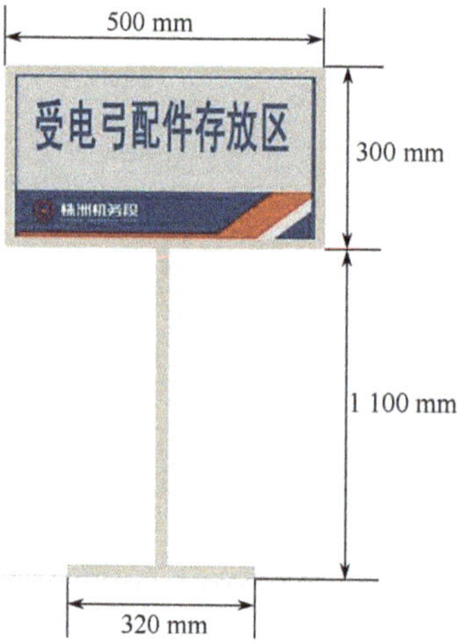

图 8-1 区域标牌规格

实际案例

图 8-2 配件配送区标牌

8.2　配件配送架

标　准

(1)配送架的设计遵循以下原则：

1)标准化：配送架的外形尺寸做到统一，不同配件的配送架外形尺寸，除高度外均尽量统一，既美观又轻巧〔图 8-3(a)〕。

2)立体化：配送架可以做到三层立体存放，不同的配件配送架实现立体存放，节约存放空间〔图 8-3(b)〕。

3)防护化：台架与配件的接触面，台架与地面的接触面均用橡胶进行防护。

(2)配件配送架(车)应统一着色。

(3)配件配送架上粘贴配送架名称。

实际案例

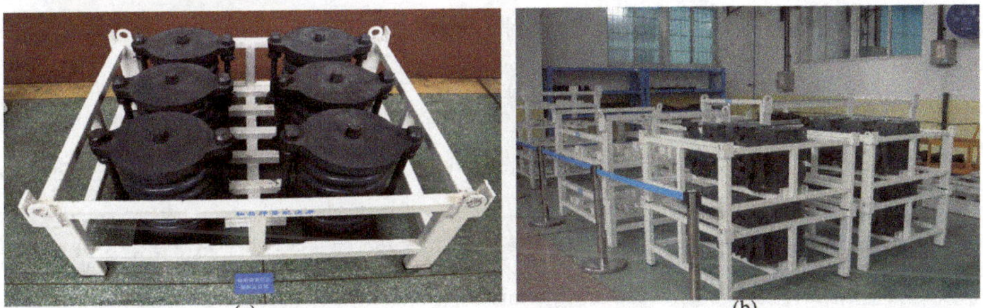

(a)　(b)

图 8-3　配件配送架

8.3　配件材料配送箱

标　准

(1)根据配件材料配送计划单，将组装作业过程中所需的材料放置在配送箱，一次性配齐配全，运送到工位。每次组装工作完成后，配送的配件全部用完。

(2)对配送的配件材料按种类及数量进行分类摆放或开模投影管理，并用标签标示，标签规格依据所粘贴位置定义(图 8-4)。

(3)配件材料配送箱应统一着色，建议灰色。

(4)配送箱在显眼位置印刷或粘贴名称及箱内物品清单表。

实际案例

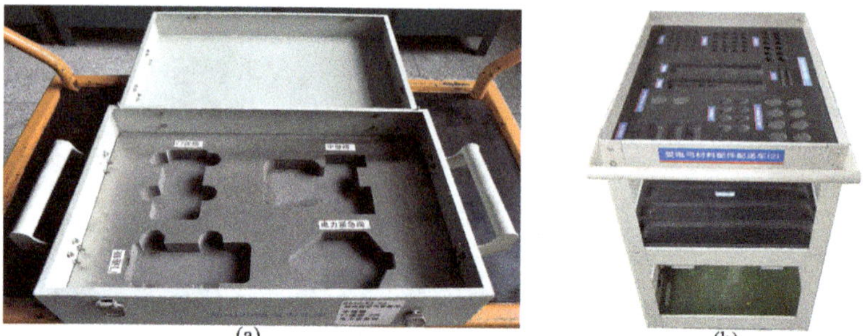

(a) (b)

图 8-4 配件配送箱(车)

8.4 配件存放地台

标 准

(1)明确配件存放地台的规格,避免生产现场物品落地,对所有配件的专用地台进行管理。

(2)钢制地台:用于长期存放大型配件,存放区不经常进行调整;底盘侧面刷 45°斜角的黄黑斑马线,线宽规格 50 mm 或直接取底盘高度;地台进行编号管理,粘贴编号标签,规格 30 mm×30 mm〔图 8-5(a)〕。

(3)塑料托盘:用于存放大型配件,存放区会根据配件存放要求进行调整;托盘进行编号管理,粘贴编号标签 30 mm×30 mm〔图 8-5(b)〕。

(4)塑料卡板:用于在检修生产中存放临时落地的配件或工具〔图 8-5(c)〕,不固定位置,使用后集中存放,在库内合适位置设置集中存放区域并进行标示。

实际案例

(a) (b) (c)

图 8-5 配件存放台

8.5　检修工作台

标　准

(1)检修工作台按照部件形状、重量和检修工艺设计,同时充分考虑人体力学,设置升降和翻转等功能(图 8-7),保证配件检修有独立台位。

(2)工作平台表面颜色为自定义,并在工作台正前方粘贴对应的铭牌(图 8-6)。

(3)铭牌规格:300 mm×120 mm。

(4)相同的工作台进行编号管理,粘贴编号标签,规格:30 mm×30 mm。

图　解

图 8-6　标示规格

实际案例

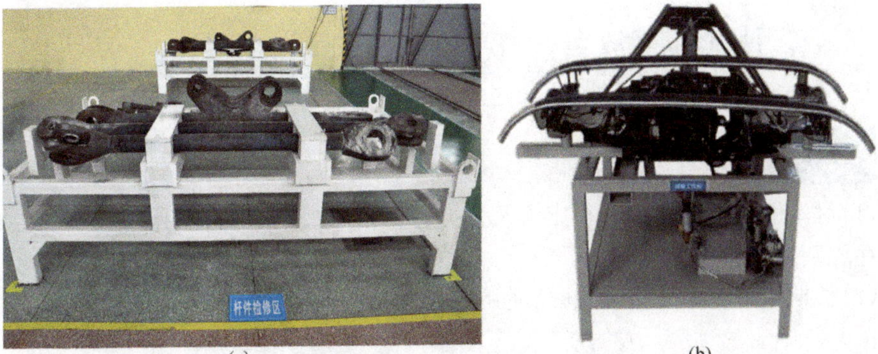

(a)　(b)

图 8-7　检修工作台

8.6 顶棚存放架

标 准

(1)存放架四个为一组,一组可以存放多个顶棚(图 8-8)。

(2)顶棚存放架为移动式,底座带轮子。

(3)存放架表面涂刷蓝色。

(4)不使用时集中存放,在库内合适位置设置集中存放区,并进行标示。

实际案例

(a) (b)

图 8-8 顶棚存放架

8.7 牵引电机存放台

标 准

(1)对牵引电机的存放进行定置及分类管理,存放地台上有不同型号牵引电机的定位存放装置〔图 8-9(a)〕。

(2)长期集中存放的牵引电机使用钢制地台,分待修、良好和报废区,并摆放标示牌。

(3)对临时存放的牵引电机(如待轮对电机组装),使用塑料托盘,托盘上面覆盖带定位装置的钢板〔图 8-9(b)〕。

(4)对地台进行编号管理,粘贴编号标签 30 mm×30 mm,蓝底白字。

实际案例

(a)　　　　(b)

图 8-9　电机存放台

8.8　材料存放架物料表

标　准

(1)材料存放架物品实行“三定”(定品、定位、定量)管理〔图 8-11(b)〕。

(2)在材料存放架合适位置粘贴物料清单表〔图 8-11(a)〕。

(3)材料:PC 板单面印刷。

(4)规格:根据材料存放架的大小自定义,格式统一(图 8-10)。

图　解

存料架/物料清单

架号	层号	物料名称	数量
1 号	1 层	电机吊杆压盖	
	2 层	垂向油压减震器下座	
	3 层	轴箱弹簧定位座	
2 号	1 层	横向座子油压减振器	
	2 层	横向座子油压减振器	
	3 层	齿轮箱安装座	
3 号	1 层	钩舌锥铁	
		提杆销	
	2 层	锁铁	
		扁销	
	3 层	钩舌	
		丛板	

图 8-10　物料清单表规格

实际案例

(a)　　(b)

图 8-11　配件材料存放架

8.9　材料配件管理卡

标　准

(1)对物品实行“三定”(定品、定位、定量)管理(图 8-13)。

(2)材料:PC 板单面印刷。

(3)规格:根据物料盒的尺寸自定义,格式统一(图 8-12)。

图　解

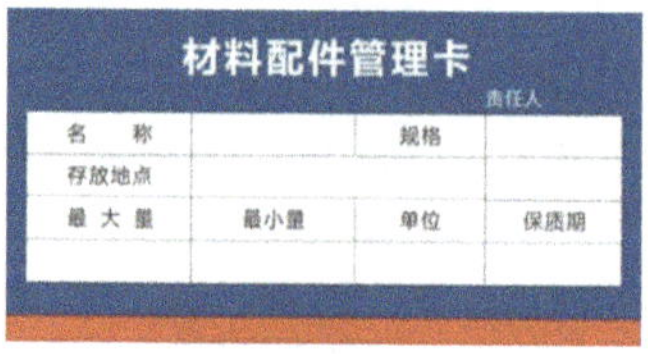

图 8-12　管理卡规格

实际案例

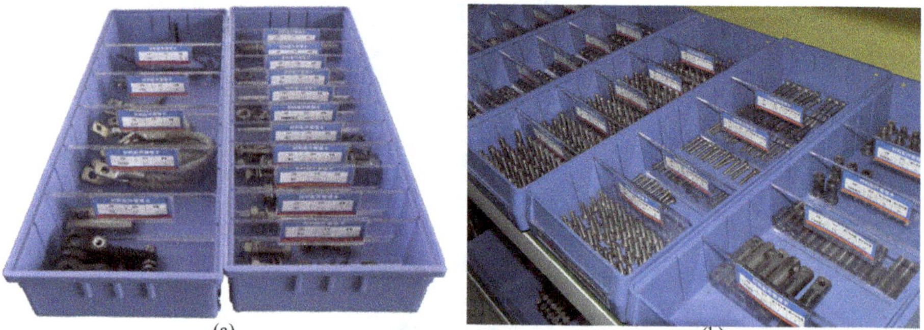
(a)　　(b)

图 8-13　材料存放盒

8.10　垃圾箱(车)

标　准

(1)明确垃圾箱(车)的管理责任人、放置位置和管理要求。

(2)制作垃圾箱(车)管理责任者标签(图 8-14)。

(3)标签粘贴在垃圾箱(车)箱体或存放点墙面显眼位置(图 8-15)。

(4)规格:200 mm×100 mm。

图　解

图 8-14　责任人卡

实际案例

(a)　(b)

图 8-15　垃圾车(箱)

第九章

工具器具标准

9.1 工具车

标　准

(1)工具车可采用抽屉式或敞开式,采用绿色外漆,不锈钢材质使用本色(图 9-1)。

(2)车体合适位置粘贴工具车名称,对相同名称工具车进行编号管理。

(3)工具车固定位置存放,并用黄色定置标签确定位置。

(4)车内工具进行投影开模摆放,在每层粘贴工具清单,注明名称、规格及数量。

(5)在每一工具位置上贴标签,规格自定义,注明名称和规格。

实际案例

图 9-1　工具车

9.2 工具箱

标　准

(1)工具箱采用便携式设计,材质可为钢制、塑料或铝合金。

(2)在表面粘贴包括班组、车型、专业和编号的标示卡,工具清单根据情况粘贴于工具箱内部或外部〔图 9-2(a)、(b)〕。

(3)标示卡规格根据工具箱大小自定义。

(4)工具箱的工具存放采用开模固定存放(图 9-3)。

图　解

(a)　(b)

图 9-2　清单规格

实际案例

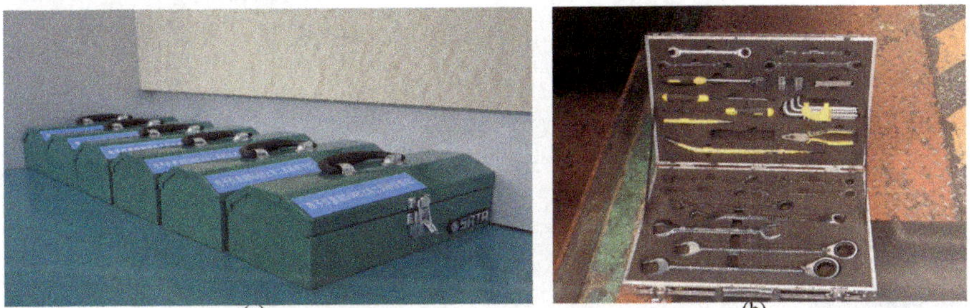

(a)　(b)

图 9-3　工具箱

9.3　工具柜

标　准

(1)工具柜由专业厂家制作,外漆采用绿色、灰色等。

(2)合适位置粘贴工具柜名称,对相同名称工具柜进行编号管理(图 9-4)。

(3)在每层粘贴工具清单,注明名称和规格。

(4)柜内工具进行投影开模或定位悬挂摆放,在每一工具位置粘贴标签,规格自定义,注明工具名称和规格。

实际案例

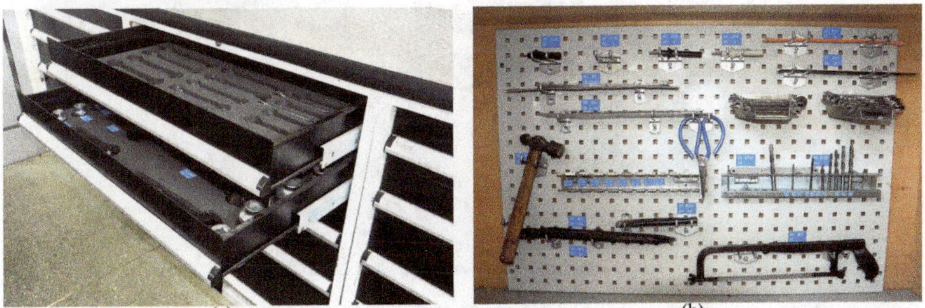

(a)　(b)

图 9-4　工具柜

9.4 吊具

标准

(1)对作业区的吊具进行集中管理,合适位置设立吊具柜(图 9-6)。

(2)基本保管原则:小型吊具采用吊挂管理,大型吊具采用吊挂管理或平放管理;吊具应放置于专用吊具柜内,不合格的吊具禁止放入。

(3)吊具柜为竖立式保管柜和平放柜。

(4)每根吊具应粘贴明细表(图 9-5),明细内容自定义,但要涵盖吊具的型号、承重量、承吊物品等。

(5)柜台合适位置粘贴管理责任人标签和定置图。

图解

吊具明细

型号	承重T(吨)	根数*长度	所吊设备	数量
吊带吊具(4)	2T	2*1.5+1*0.75	牵引风电	1

图 9-5　吊具明细表

实际案例

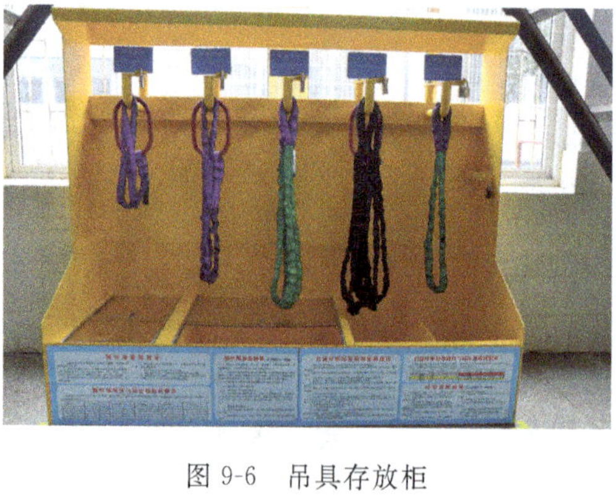

图 9-6　吊具存放柜

9.5 撬棍类工具

标 准

(1)明确专用工具的放置位置,确保工具的安全保管(图 9-8)。

(2)根据现场需要制作适合的竖立式保管架(类似“兵器架”)。

(3)在每个工具的位置粘贴相应的标签(图 9-7)。

(4)在保管架的适当位置粘贴管理责任人标签。

图 解

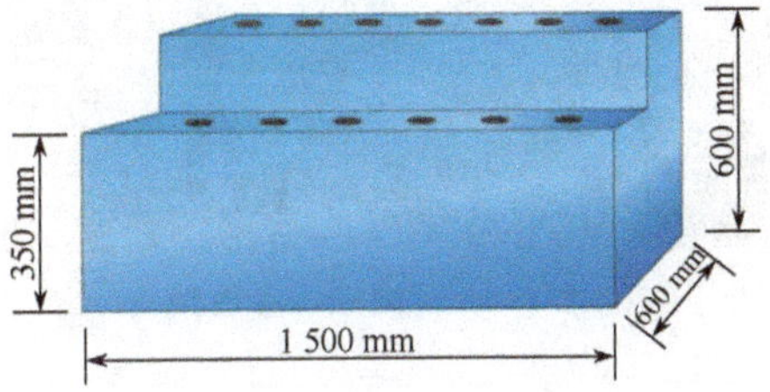

图 9-7 存放架规格

实际案例

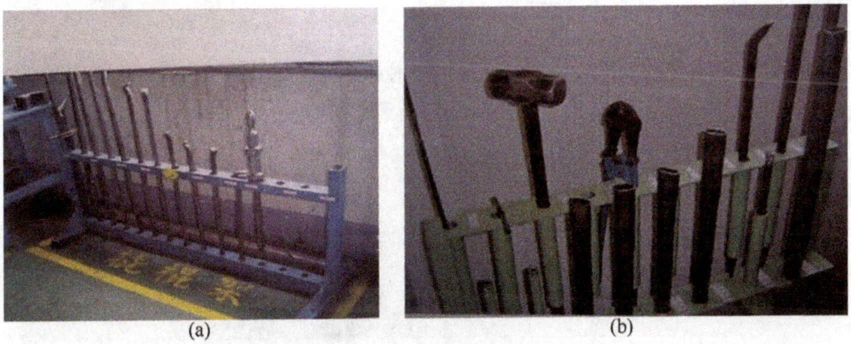

图 9-8 撬棍存放架

9.6 库房清扫工具

标 准

(1)清扫工具保管原则集中管理。

(2)制作合适的竖立式保管架(图 9-9)。

(3)在每个工具的位置上标明名称。
(4)在保管架显眼位置粘贴管理责任人标签。
(5)卫生工具摆放在合适位置,周边用黄色定置标签确定位置。

实际案例

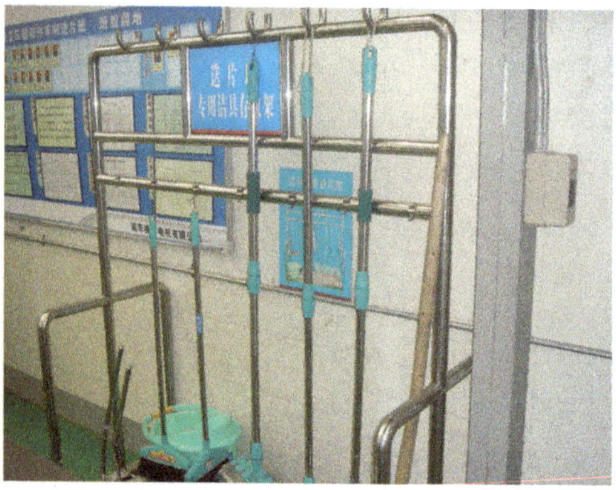

图 9-9　清洗工具存放架

9.7　压缩空气使用设备

标　准

(1)在库房适当的位置设置压缩空气使用设备,要求安装牢固,便于现场使用。
(2)定置:风管转盘距离地面 380 mm,风管调压阀距离地面 1 000 mm。
(3)在转盘支架上粘贴管理责任人标签。
(4)在调压阀上方粘贴标示(图 9-10)。

实际案例

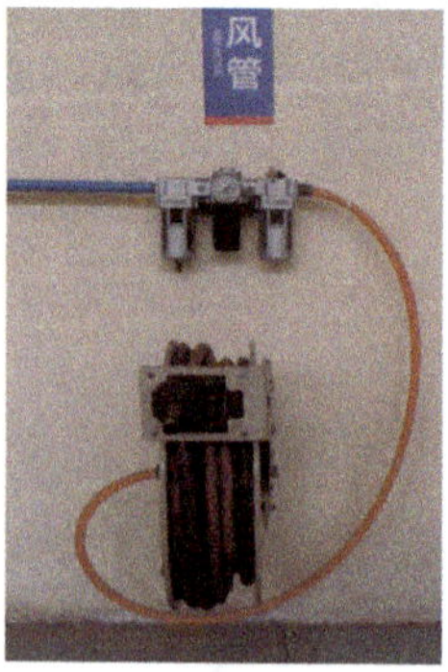

图 9-10　库内风管装置

9.8　手套保管

标　准

(1)明确手套的放置位置,进行集中管理(图 9-11)。

(2)个别保管方式:设定在设备旁或岗位顺手处,使用夹子吊挂,标明手套名称。

(3)集中保管方式:制作保管架子,分班组保管,每个人的岗位名称、姓名或工号统一标明,最好制作所有清单和标准保管样板。

实际案例

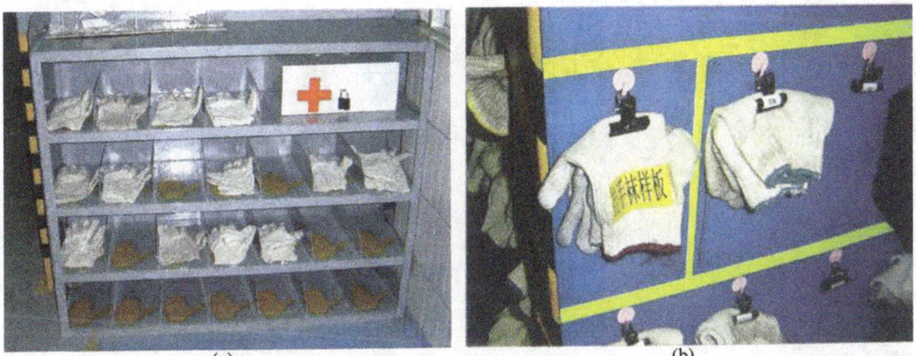

(a)　(b)

图 9-11　手套摆放架

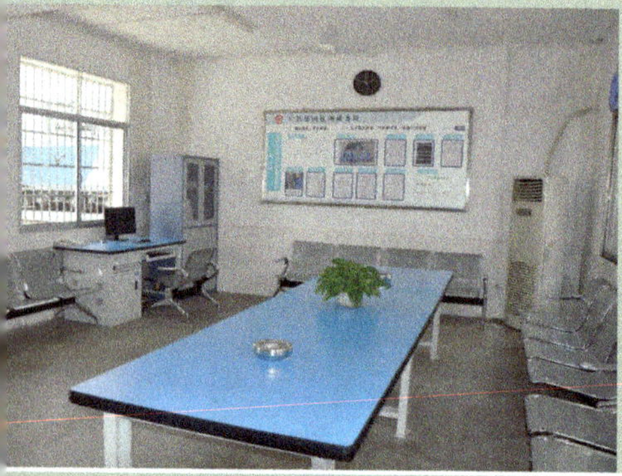

第十章

班组及办公部门管理标准

10.1 班组总体管理

标 准

(1)班组进行集中设置，设置生活室、娱乐设施方便职工生活(图 10-1)。

(2)班组设计要整洁、大方、格调统一，符合职工生活、学习的需要，实行可视化管理，尽量不设置在工作场地，做到班组集中设置在同一区域内。

(3)班组基本设施包括资料柜、更衣柜、办公桌、休息桌椅、茶几、水杯、管理看板、电脑、清扫工具和办公文具等物品，做到配套统一。

(4)更衣室做到分区域单独集中设置，如果与班组学习生活室设置在一起要有明显的区域划分。

实际案例

(a)　　(b)

图 10-1　班组休息区

10.2 班组物品管理

1. 资料柜

标 准

(1)明确资料柜的管理，如责任人、所属部门等。

(2)资料柜上层(带玻璃门)摆放班组台账、技术资料、文件书籍；下层摆放班组生活用品(图 10-2)。

(3)下层每个隔层可用黄色标示线进行区域划分，摆放的物品可以粘贴名称标签；黄色标示线宽度 10 mm，名称标签自定义(图 10-3)。

(4)在柜门左上角粘贴管理责任人标签。

图　解

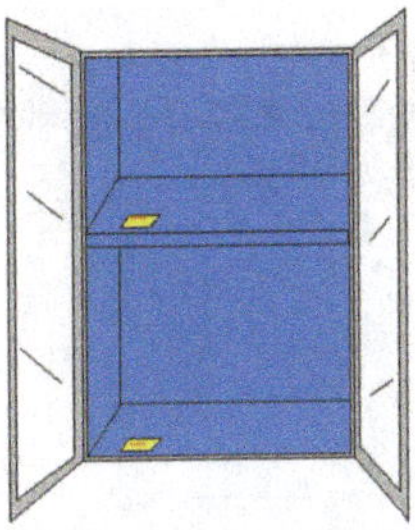

图 10-2　资料柜

实际案例

图 10-3　标示规格

2. 办公桌

标　准

(1)明确办公桌的责任人、所属部门,实行定置管理。

(2)班组办公桌主要用于工班长办公,存放电脑、办公用品和文件资料;主机柜用于存放电脑主机,抽屉柜用于存放办公用品和文件资料等(图 10-4)。

(3)在办公桌左上角粘贴管理责任人标签。

(4)桌面仅放置规定摆放的物品,不得摆放其他物品。

(5)在各柜或抽屉左上角粘贴其存放物件的种类标示(图 10-4)。

(6)第一层抽屉用于摆放计算器、订书机、笔等办公用品;第二层抽屉摆放文件资料;第三层摆放个人物品。

(7)抽屉内的办公用品应实行投影摆放,并注明物件的名称(图 10-5)。

图　解

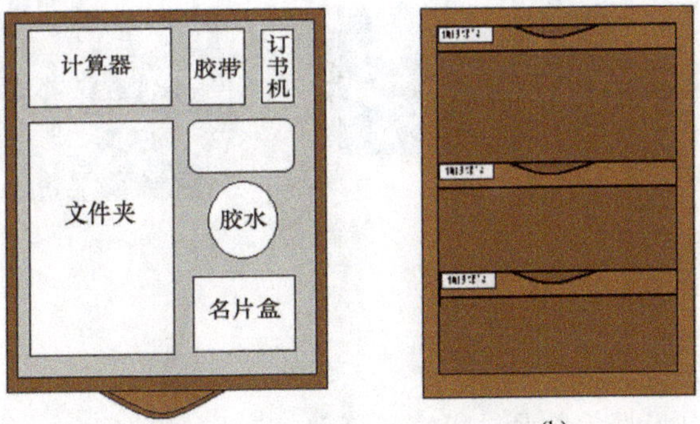

(a)　　(b)

图 10-4　抽屉内部物品摆放

实际案例

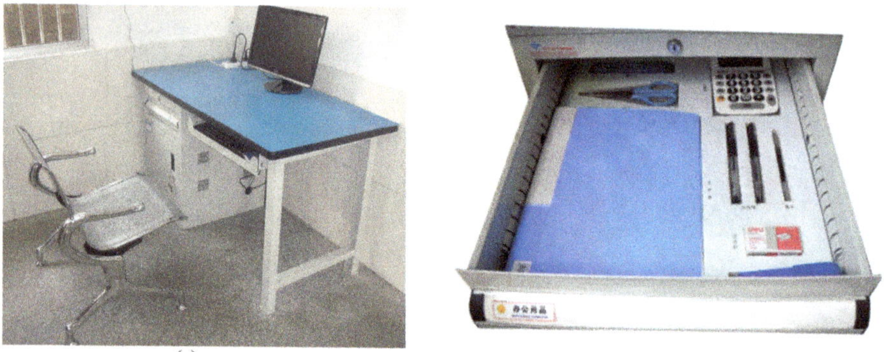

(a)　　　　(b)

图 10-5　班组办公桌(抽屉)

3. 文件夹摆放

标　准

(1)按照文件夹标签的尺寸统一制作文件夹标签(图 10-7)。

(2)文件夹进行编号管理,标签上印制编号,按编号顺序摆放文件夹(图 10-6)。

(3)在文件夹侧面制作或粘贴成彩虹状或一条直线,直线线宽 10 mm。

图　解

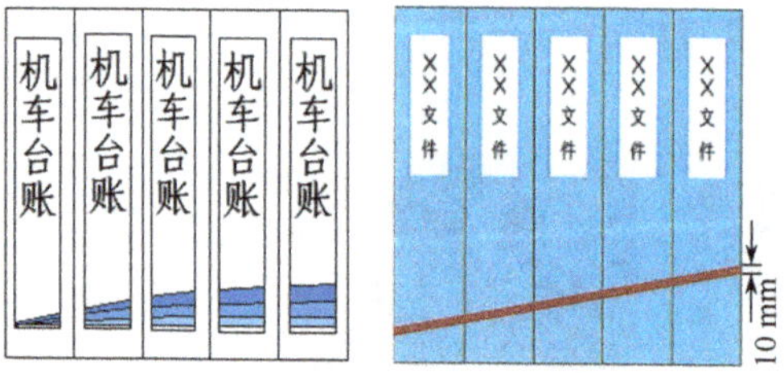

图 10-6　标示规格

实际案例

图 10-7　文件夹

4. 茶几和水杯

标　准

(1)对班组茶几及摆放物品进行定置管理。

(2)班组茶几用于摆放所有班组成员的水杯、开水壶和班组物品,茶几及摆放物品样式统一配置(图 10-8)。

(3)依照水杯尺寸制作亚克力板等材质的水杯存放架,水杯存放架摆放在茶几第一层。

(4)分别在水杯杯体和杯盖粘贴不干胶标签,标签标注班组成员姓名,标签规格依照水杯尺寸自定义。

实际案例

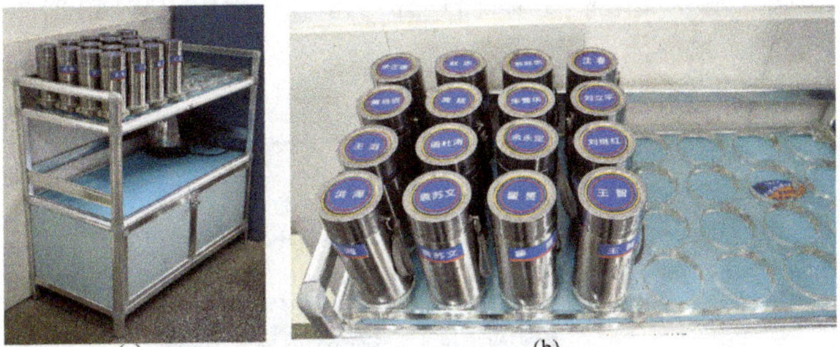

(a)　(b)

图 10-8　班组茶几

5. 清扫工具

标　准

(1)明确清扫工具的放置位置,进行集中管理(图 10-9)。

(2)制作适合的竖立式保管架。

(3)在每个工具的位置上标明名称。

(4)在保管架显眼位置粘贴管理责任人标签。

实际案例

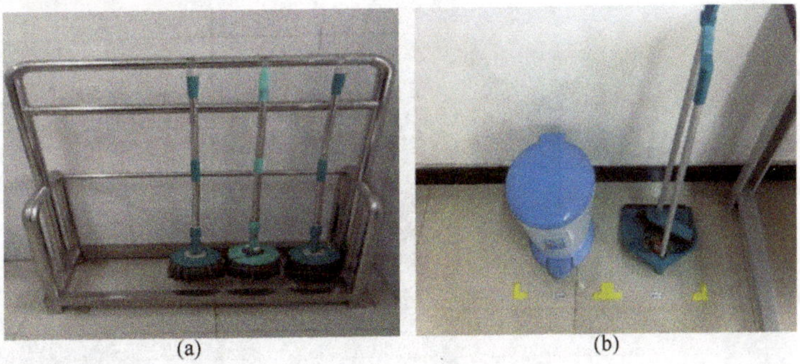

(a)　(b)

图 10-9　工具摆放

6. 班组铭牌

标 准

(1)班组名称标签要统一规格、制作,根据现场情况进行设计。

(2)班组名称标签可以粘贴在班组大门上部,或采用悬挂方式(图 10-10)。

(3)粘贴型底座推荐使用铝合金材料;标示采用不干胶;尺寸根据底座大小自定义;字体:方正韵动中黑简体。

(4)悬挂型规格自定义。

图 例

图 10-10 班组铭牌

7. 休息桌椅

标 准

(1)班组休息桌椅等物品统一规格,并实行定置管理。

(2)班组休息桌椅主要用于职工的学习和休息,推荐采用钢架结构(图 10-11)。

(3)在桌椅显眼位置粘贴管理责任人标签。

(4)桌面仅摆放规定的物品,如烟灰缸和植物,并实行定置管理,可粘贴摆放位置标签。

图 例

图 10-11 班组休息桌椅

10.3　班组更衣室

1. 更衣柜内部

标　准

(1)明确更衣柜内部物品摆放要求，做到定置管理，明确责任人。

(2)柜内只能摆放季节性的个人穿戴衣物、劳保用品、学习用品、日常用品，物品摆放应整齐有序、整洁干净。

(3)柜内第一层摆放工作服;第二层摆放日常衣服;第三层摆放日常用品〔图10-12(a)〕。

(4)每个隔层可用黄色标示线进行区域划分，摆放的物品可以粘贴名称标签;黄色标示线宽度 10 mm，名称标签自定义〔图 10-12(b)〕。

(5)在柜门左上角粘贴管理责任人标签。

实际案例

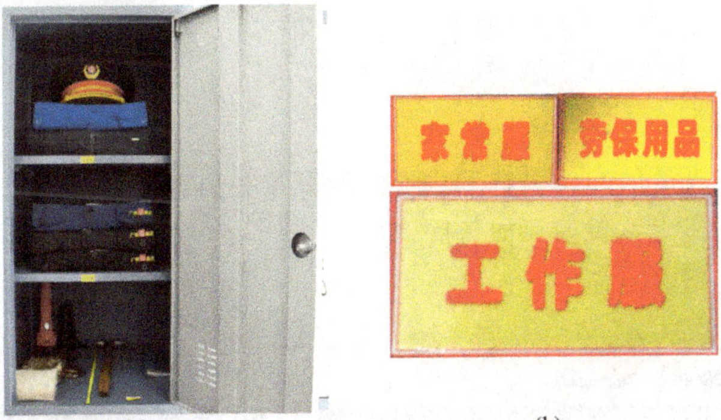

(a)　(b)

图 10-12　班组更衣柜

2. 更衣室和更衣柜

标　准

(1)更衣室可分区域集中设置，特殊情况下与班组学习生活室设置在一起要有明显的区域划分，男女更衣室分开〔图 10-13(a)〕。

(2)更衣室布置更衣柜、座椅、晒衣架、毛巾架和洗浴用品摆放架〔图 10-13(b)〕。

(3)更衣柜为四开门，主体为海灰色，外框颜色统一为孔雀蓝，宽度为 30 mm。

（4）柜体设置“管理责任人”标签存放槽，柜门下方设置通气孔，柜内三层，隔板可以调整。

实际案例

(a)　　(b)

图 10-13　更衣室

10.4　岗位铭牌

标　准

（1）将调度室人员的岗位名称和主要职能等相关信息制作成岗位牌（图 10-14）。

（2）在办公桌显眼位置摆放岗位牌。

（3）岗位牌规格自定义。

实际案例

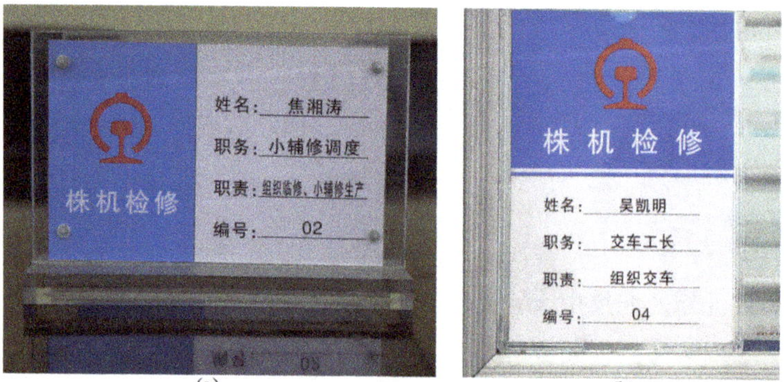

(a)　　(b)

图 10-14　岗位铭牌

10.5　班组生活室

标　准

(1)在班组集中区域设立生活室,生活设施包括电冰箱、微波炉、空调、排气扇、消毒柜、热水器、洗手池、饭桌椅、清扫工具和橱柜等。

(2)生活室内墙面整洁、地面干净、光线充足、有必要的通风、照明,窗户玻璃清洁透亮,开启关闭灵活(图 10-16)。

(3)对橱柜进行编号管理,标签规格根据橱柜大小自定义(图 10-15)。

图　解

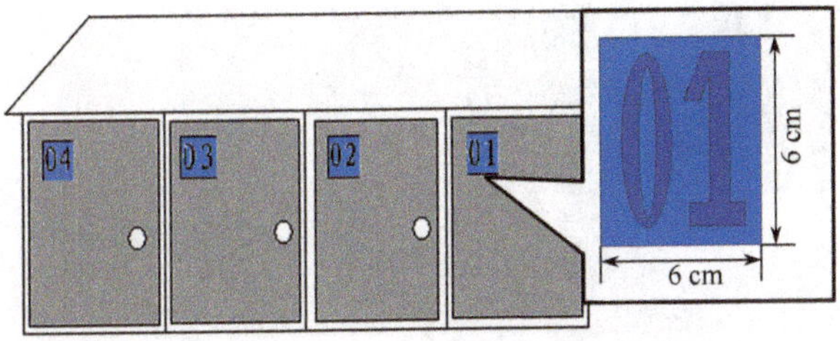

图 10-15　橱柜标示规格

实际案例

图 10-16　生活室

第十一章

工位管理标准

11.1 工位管理

标 准

（1）工位制的要素包括：符合人体力学的检修工作台，现场布置的作业指导书、工艺图解板和安全风险提示卡，以及责任人标示牌和工作状态标示牌等（图 11-1）。

（2）检修工作台按照部件形状、重量和检修工艺设计，同时充分考虑人体力学，设置升降和翻转等功能，保证配件检修有独立台位。

（3）工位中设置作业指导书、工艺图解板和安全风险提示卡，方便作业者在现场查阅工艺范围、技术要求和安全风险控制点。

（4）工位设置的工作状态标示牌，分别显示“检修中”、“已完成”、“异常中”和“待修中”四种状态。

（5）设置有工作照片的责任人标示牌，明确工位责任制及目标，做到“我的工位、我负责”。

（6）按照工位的检修要求实行配件、材料、工具配送。配置工具车、配送架（盒）。

实际案例

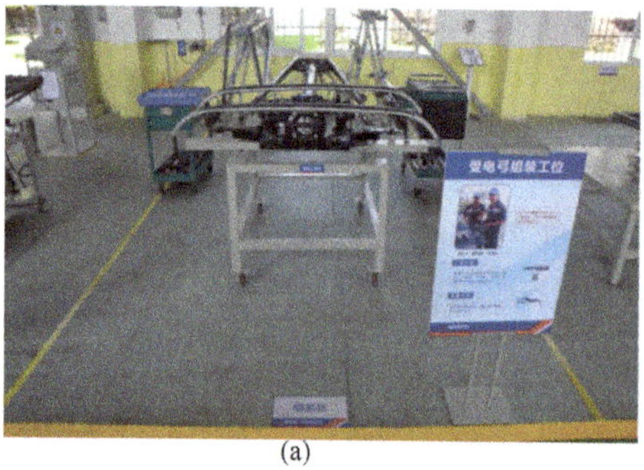
(a)

(b)

图 11-1　检修工位

11.2 工位区域标示

标 准

（1）统一规划工位区域的范围和界限的标示。

（2）制作区域铭牌（图 11-2）。

（3）区域间用黄线进行划分，规格：宽 50 mm。

（4）地贴粘贴在地面区域正前方；区域标示牌放置在区域合适位置。

(5)标示规格：360 mm×200 mm。

(6)地贴采用不干胶单面印刷；标示牌采用 PC 板单面印刷。

图　例

图 11-2　标示规格

11.3　工位看板

标　准

(1)明确工位看板的内容、规格，对工位组成进行介绍。

(2)工位看板内容包含：作业者信息、工位介绍、质量卡控等(图 11-3)。

(3)规格：自定义，推荐：300 mm×600 mm。

(4)材料：PC 板单面印刷。

实际案例

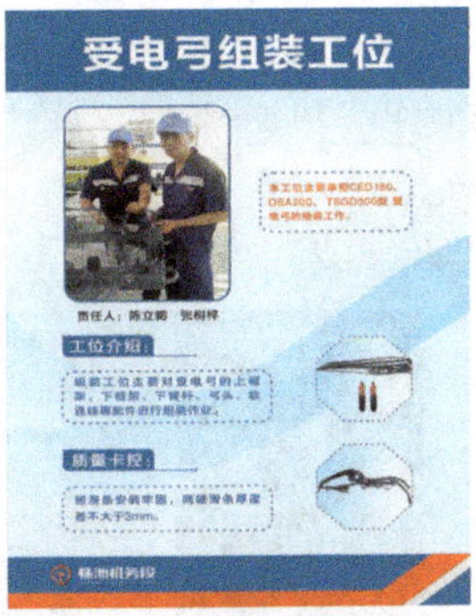

图 11-3　工位铭牌

11.4　工艺图解

标　准

(1)明确检修作业的流程和工艺。

(2)工艺图解看板内容包括本工位开展检修作业的解体、检修、组装和试验工艺，按照检修流程的顺序，采用图文并茂的形式，以图片为主，文字简洁(图 11-4)。

(3)看板规格根据工位区域的面积来设置，摆放位置不对检修作业造成影响。

实际案例

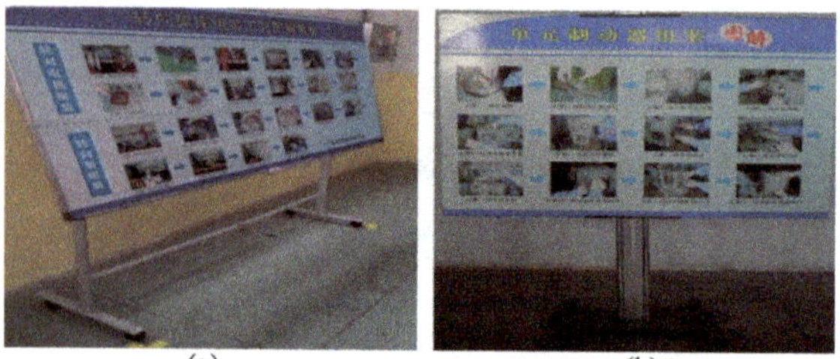

(a) (b)

图 11-4 工艺图解看板

11.5 作业指导书

标 准

（1）指导书内容包括：作业前准备、技术要求、作用步骤、作业图示、工具及材料、安全风险提示、关键质量控制点〔图 11-5(b)〕。

（2）规格：A4 格式，彩色印刷过塑。

（3）两种设置方式：一是制作作业指导书架〔图 11-5(a)〕，在工位进行定置管理；二是安装在工位工具车上。

实际案例

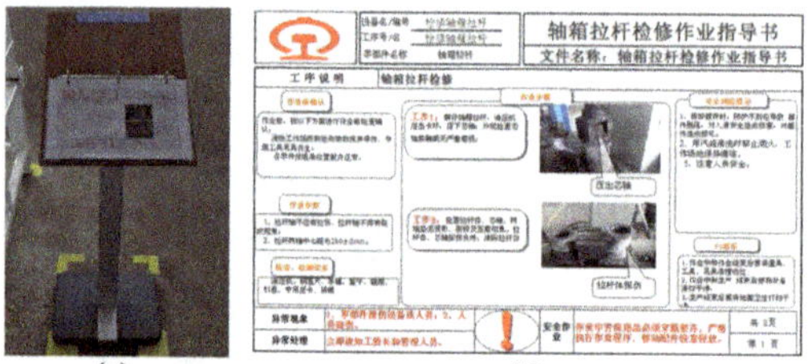

(a) (b)

图 11-5 作业指导书架

11.6 工位状态标牌

标 准

（1）明确工位的作业状态，状态标示牌设置在工位对应的工具车上（图 11-7）。

（2）标示内容有：待处理（橙底黑字）、检修中（黄底黑字）、异常状（红底黑字）及已完成（绿底黑字）（图 11-6）。

(3)规格：200 mm×100 mm；字体：楷体、加粗。

(4)材料：PC 板单面印刷。

图　解

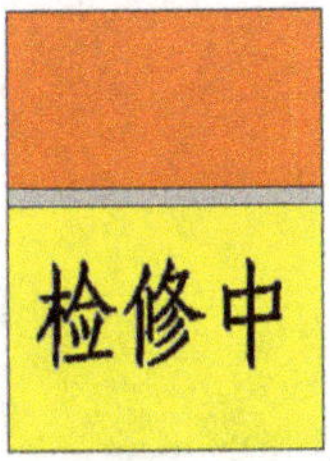

图 11-6　标示牌规格

实际案例

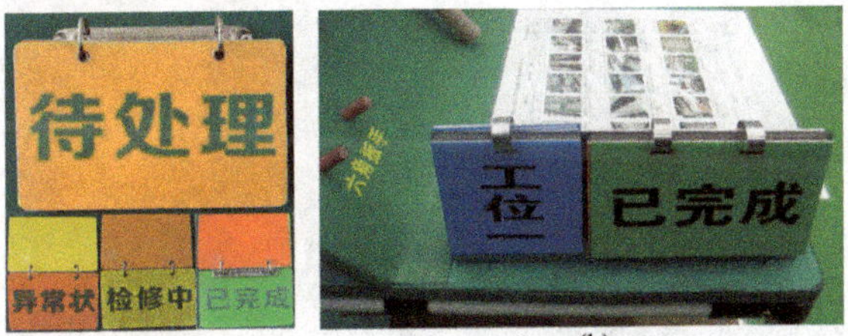

(a)　(b)

图 11-7　状态表示牌

11.7　工位责任人标示牌

标　准

(1)制作管理责任人标示牌，粘贴在工位看板上或对应工位上(图 11-8)。

(2)管理责任卡内容包括：责任人照片、目标、使命及管理责任人名字。

(3)规格：360 mm×160 mm。

(4)材料：PC 板单面印刷。

实际案例

图 11-8　工位责任人卡

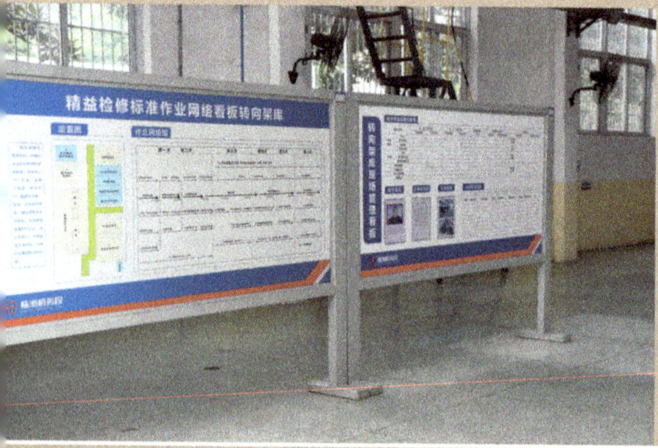
精益检修标准作业网络看板转向架库

第十二章

管理看板标准

12.1　库房管理现场看板

标　准

(1)看板内容包括:岗位明星、库房可视化检查、现场改善、安全质量检查和检修作业流程写实表(图 12-1)。

(2)推荐规格:2 400 mm×1 200 mm。

(3)看板支架设计应简洁、稳重,方便看板的安装,油漆颜色为灰色。

(4)看板摆放位置为库房门进口处或库房适当位置,人员通过率较高的地方,注意摆放位置不影响人流和物流的通过,不对生产造成影响。

(5)在其右上角粘贴管理人责任标签。

实际案例

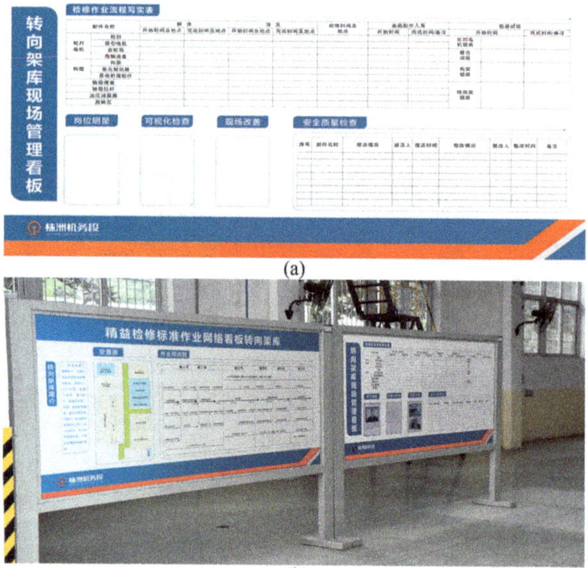

(a)

(b)

图 12-1　库房管理看板

12.2　库房作业网络看板

标　准

(1)看板内容包括:库房简介、库房定置图、作业网络图(图 12-2)。

(2)推荐规格:2 400 mm×1 200 mm。

(3)看板支架设计应简洁、稳重,方便看板的安装,油漆颜色为灰色。

(4)看板摆放位置为库房门进口处或库房适当位置,人员通过率较高的地方,注意摆放位置不影响人流和物流的通过,不对生产造成影响。

(5)在其右上角粘贴管理人责任标签。

实际案例

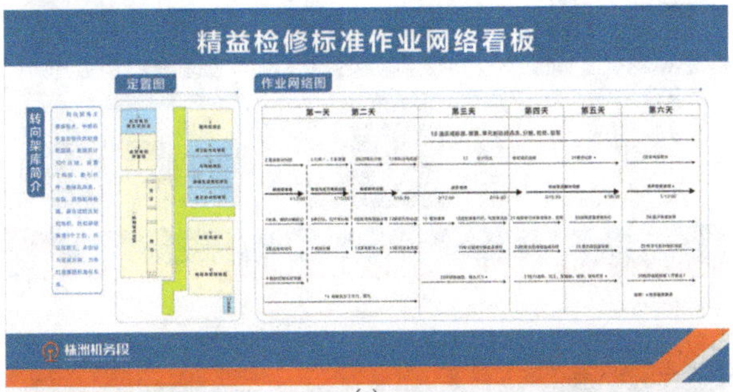

(a)

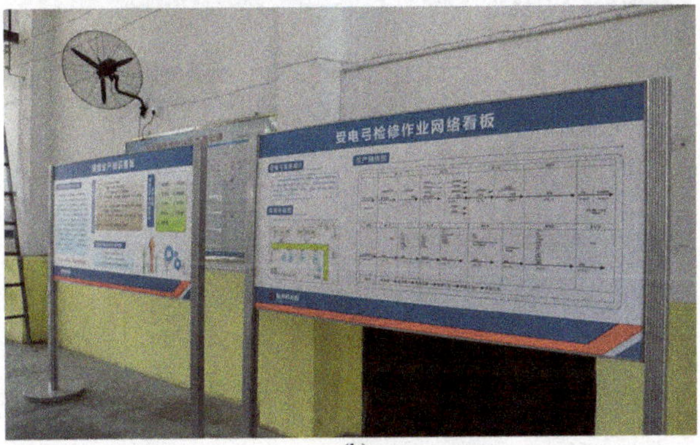

(b)

图 12-2　作业网络图看板

12.3　库房安全警示教育看板

标　准

(1)看板内容包括:劳动安全事故、故障案例等(图 12-3)。

(2)推荐规格:2 400 mm×1 200 mm。

(3)看板支架设计应简洁、稳重,方便看板的安装,油漆颜色为灰色。

(4)看板摆放位置为库房门进口处或库房适当位置，人员通过率较高的地方，注意摆放位置不影响人流和物流的通过，不对生产造成影响。

(5)在其右上角粘贴管理人责任标签。

实际案例

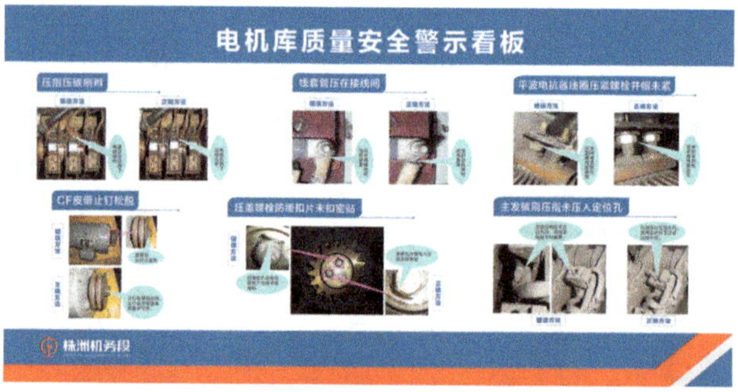

(a)

(b)

图 12-3　安全警示看板

12.4　班组管理看板

标　准

(1)班组看板内容包括：奋斗口号和目标、班组简介、全家福照片、人员状况、安全风险、改善愿景、班务公开、班组管理、生产动态安全动态十字星等(图 12-4)。

(2)推荐规格：2 400 mm×1 200 mm。

(3)安装在班组合适墙面上。

图　解

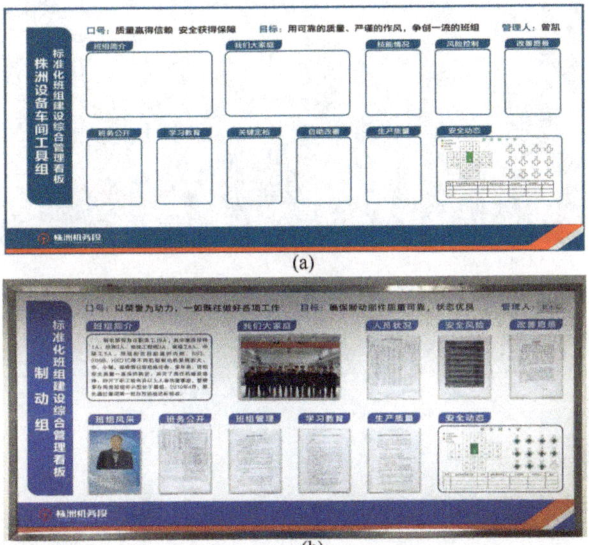

(a)

(b)

图 12-4　班组管理看板

12.5　5S 可视化知识看板

标　准

(1)库房看板内容包括:5S 可视化内容、精益生产管理等(图 12-5)。

(2)推荐规格:2 400 mm×1 200 mm。

(3)看板摆放位置为库房门进口处或库房适当位置,人员通过率较高的地方,注意摆放位置不影响人流和物流的通过,不对生产造成影响。

图　解

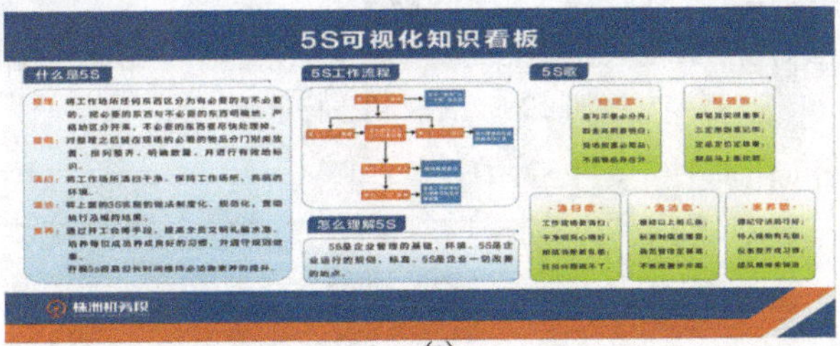

(a)

图 12-5　检修作业定置图

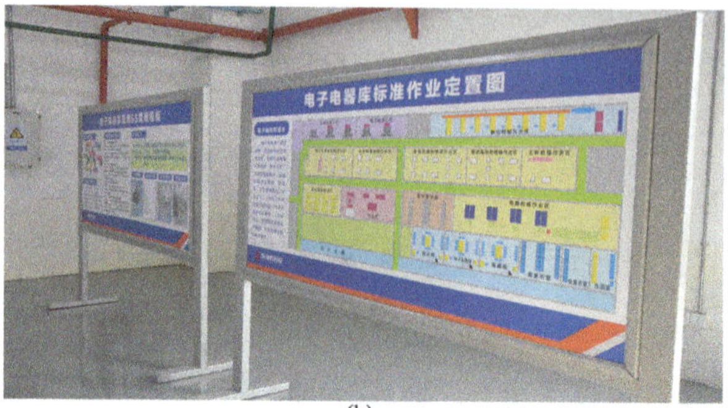

(b)

图 12-5　检修作业定置图

12.6　配件动态揭示牌

标　准

(1)揭示牌内容包括:类别、配件名称、单位、定量、实有数量、动态和情况说明(图12-6)。

(2)推荐规格:1 800 mm×900 mm。

(3)设置材料存放区的一侧墙壁上,在其右上角粘贴包修卡。

实际案例

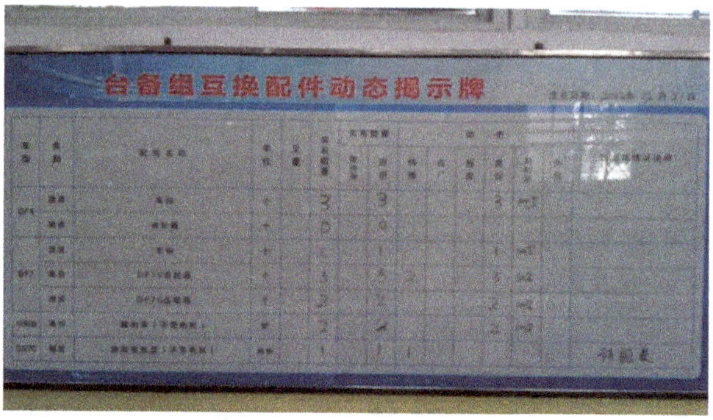

图 12-6　配件动态揭示牌

12.7　车间可视化评比看板

标　准

(1)可视化评比看板内容包括:车间现场可视化责任分布区图、评比表格、班组可视化周评比表(图 12-7)。

(2)规格自定义。

(3)设置在段内主通道旁,在其右上角位置粘贴管理责任人卡。

实际案例

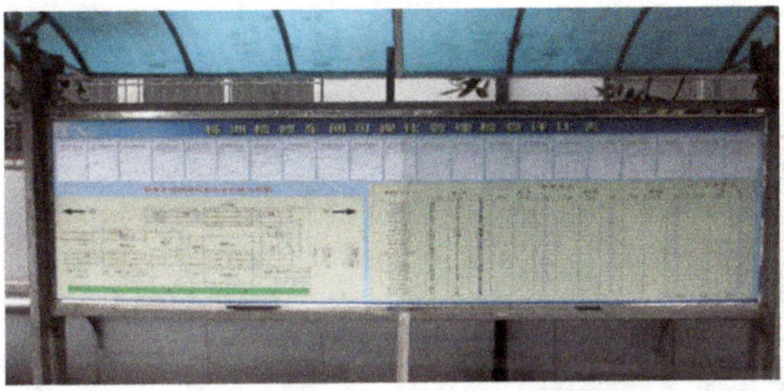

图 12-7　车间 5S 评比看板

12.8　其他看板

标　准

(1)为了营造良好的管理氛围,弘扬正能量,在适当位置悬挂或粘贴(图 12-8)。

(2)悬挂位置及看板规格根据现场情况自定义。

实际案例

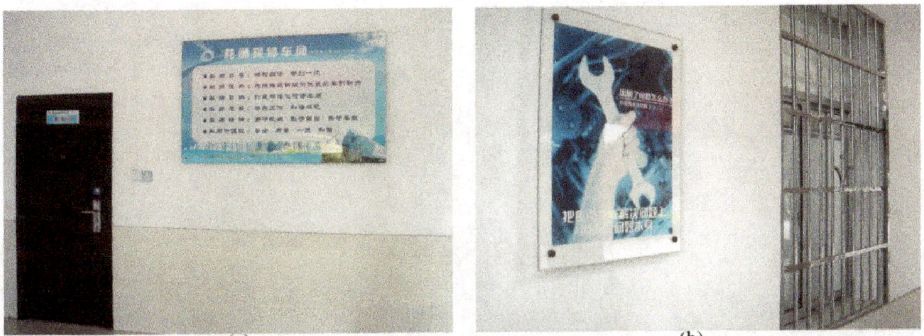

(a)　(b)

图 12-8　宣传看板

第十三章

外围环境标准

13.1 室外通道线

标 准

(1)明确机动车道与人行通道的位置,做好道路的通行规划(图 13-1)。

(2)油漆线宽:100～150 mm。

(3)线条颜色:白色和黄色。

(4)在道路两旁画线,距离边缘 400 mm 的位置按直线画线。画线随边缘体一起凹凸,距离始终 400 mm。

(5)道路宽度大于 3 000 mm,则在通道线中间划中心线。

实际案例

图 13-1 室外通道线

13.2 停车场

标 准

(1)明确机动车的保管位置,形成定位停车的习惯。

(2)车位为方形或平行四边形(图 13-2)。

(3)车位规格:车身宽度+600 mm,推荐宽度 2 300 mm。

车身长度+800 mm。推荐长度 5 000 mm。

(4)颜色:黄色或白色。

(5)线宽:100～150 mm。

实际案例

图 13-2　停车位

13.3　环保标示牌

标　准

(1)提高环保爱护绿化的意识(图 13-3)。

(2)推荐板式:自定义。

(3)规格:400 mm×300 mm。

实际案例

图 13-3　环境保护宣传板

13.4　自行车保管

标　准

(1)指定自行车的保管位置和场所,进行集中管理(图 13-4)。

(2)制作自行车停放架。

(3)停放时,把手朝前进入停放架。

实际案例

图 13-4　自行车停放点

13.5　道路路沿

标　准

(1)在道路边缘作明显标示,提示路面障碍弧宽度。

(2)路沿统一采用黑黄相间的颜色标示(图 13-5)。

(3)规格:黑色区域 500 mm;黄色区域 500 mm。

实际案例

图 13-5　道路路沿

13.6　空间地名引导牌

标　准

(1)交叉路口树立地名引导标示牌，标示牌色调应与周围环境相协调(图 13-6)。

(2)标示牌标明地点和方位。

(3)规格：自定义。

(4)颜色：自定义。

实际案例

图 13-6　地名引导标示牌

第十四章

“十室三库一场”建设标准

14.1 机调室

1. 铭牌

标　准

(1)在机调室门口应悬挂规格、样式统一的铭牌(图 14-1)。

(2)推荐规格:700 mm×500 mm。

(3)字体:方正韵动中黑简体。

(4)材料:PC 板单面印刷。

图　例

图 14-1　机调室铭牌

2. 机调室格局

标　准

(1)机调室办公桌采用屏风办公桌,防止相互干扰(图 14-2)。

(2)机车调度员应随季节变化按规定统一着铁路制服,按规定佩戴胸牌,持证上岗。

(3)机调室内干净整洁、敞亮。

实际案例

图 14-2　机调室

3. 机调员岗位铭牌

标 准

(1)每个机调岗位应设有岗位铭牌(图 14-3)。

(2)推荐规格:200 mm×120 mm。

(3)字体:方正韵动中黑简体。

(4)材料:PC 板单面印刷;亚克力板。

图 例

图 14-3 机调员岗位铭牌

4. 资料柜

标 准

(1)设置专用的资料摆放柜,每个隔层摆放的资料种类需用标签进行注释,粘贴于距资料柜边缘处。

(2)按照文件夹标签的尺寸统一制作文件夹标签。

(3)文件夹进行编号管理,标签上印制编号,按编号顺序摆放文件夹。

(4)在文件夹侧面制作或粘贴成彩虹状或一条直线,直线线宽 10 mm(图 14-4)。

实际案例

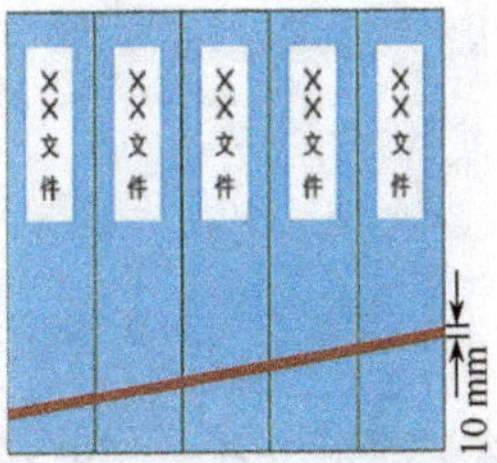

图 14-4 文件夹

5. 打印机

标 准

(1)机调室应配备打印 A0 号纸的打印机(图 14-5)。
(2)对打印机进行定置管理。
(3)在打印机显眼位置粘贴管理责任人标签。

实际案例

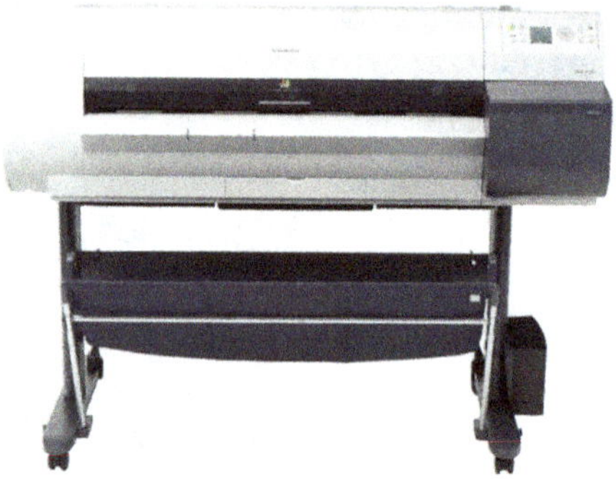

图 14-5 打印机

6. 液晶显示屏

标 准

(1)机调室墙面应悬挂液晶显示屏,显示段整备场平面图等各项图表(图 14-6)。
(2)在显示屏显眼位置粘贴管理责任人标签。

实际案例

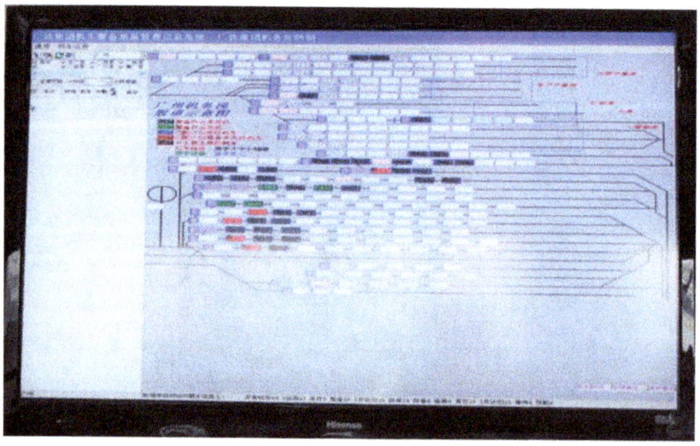

图 14-6 液晶显示屏

7. 达示编辑站铭牌

标 准

(1)在达示编辑站门口应悬挂规格、样式统一的铭牌(图 14-7)。

(2)推荐规格:700 mm×500 mm。

(3)颜色:C100M50Y0K10。

(4)字体:方正韵动中黑简体。

(5)材料:PC 板单面印刷。

图 例

图 14-7　达示编辑站铭牌

8. 达示编辑站布局

标 准

(1)达示编辑站各岗位采用屏风办公桌,防止相互干扰(图 14-8)。

(2)职工应随季节变化按规定统一着铁路制服,按规定佩戴胸牌,持证上岗。

(3)达标编辑站室内干净整洁、敞亮。

实际案例

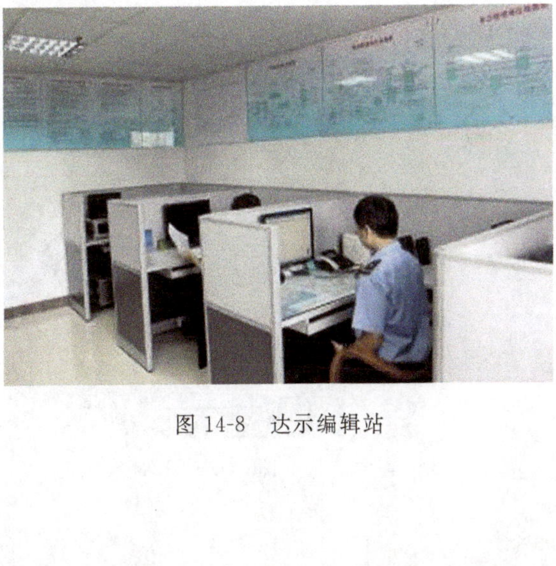

图 14-8　达示编辑站

9. 写卡区段图

标 准

(1)达示编辑站墙面上挂达示写卡区段示意图、运行揭示编辑作业流程图(图 14-9)。

(2)材料:亚克力板,PC 单面印刷。

(3)规格:自定义。

实际案例

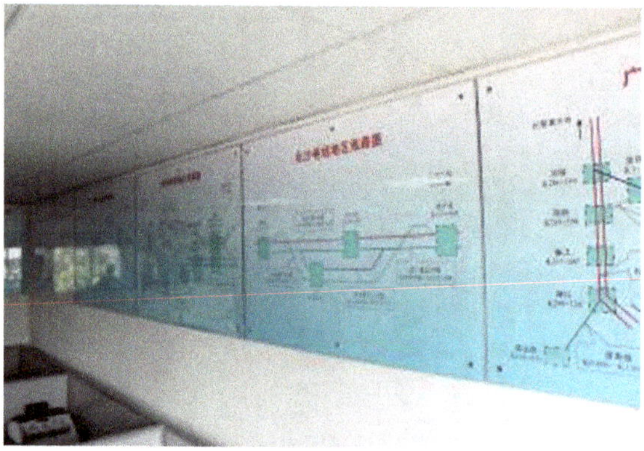

图 14-9　写卡区段图

10. LKJ 模拟机

标 准

达示编辑站应配备 LKJ 模拟机及运行揭示调度命令辅助管理系统,编辑后应进行自动校核(图 14-10)。

实际案例

图 14-10　LKJ 模拟机

14.2　派班室

1. 派班室铭牌

标　准

(1)在派班室门口应悬挂规格、样式统一的铭牌(图 14-11)。

(2)推荐规格:700 mm×500 mm。

(3)字体:方正韵动中黑简体。

(4)材料:PC 板单面印刷。

图　例

图 14-11　派班室

2. 派班室大厅

标　准

(1)大厅内,乘务员出退勤区域与机调员工作区使用柜台隔开。

(2)台面约宽 800 mm、高 1 100 mm,台面上部与屋顶间无遮拦(图 14-12)。

(3)出退勤、分析等调度员岗位前按规定挂有铭牌。

实际案例

图 14-12　派班室大厅

3. 派班室墙面

标　准

(1)派班室天花板采用吊顶和嵌入式日光顶灯，保证大厅内光线充足(图 14-13)。

(2)墙面上挂的液晶显示屏，显示乘务员交路、天气预报、事故案例等信息。

(3)除悬挂“十六”字呼唤应答用语外不得悬挂其他挂牌。

实际案例

图 14-13　派班室显示屏

4. 运行揭示栏

标　准

(1)运行揭示公布橱窗可采取靠墙摆放，采用不锈钢材料制作，玻璃窗加锁，并保证光线充足(图 14-14)。

(2)运行揭示栏内不得存放、公布与运行揭示无关的内容。

(3)运行揭示栏出示的运行揭示应按上下行、站序、公里数顺序排列。

(4)揭示栏前设有供乘务员抄写运行揭示的座椅。

实际案例

图 14-14 运行揭示栏

5. 派班室出勤答题机

标准

(1)根据出勤需要,配置专用微机供乘务员出勤答题使用(图 14-15)。

(2)在答题机合适位置粘贴管理责任人标签。

实际案例

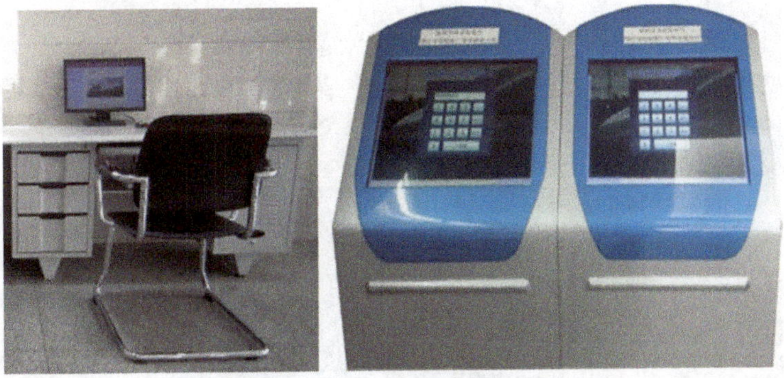

图 14-15 出勤答题机

6. 派班室出退勤岗位

标　准

(1)出退勤岗位台面除放有指纹仪、酒精测试仪、IC卡复核机、《机车乘务员出勤指导、传达簿》外，不能摆放其他物品(图14-16)。

(2)设置岗位铭牌。

(3)规格：自定义。

(4)材料：PC板单面印刷；亚克力板。

实际案例

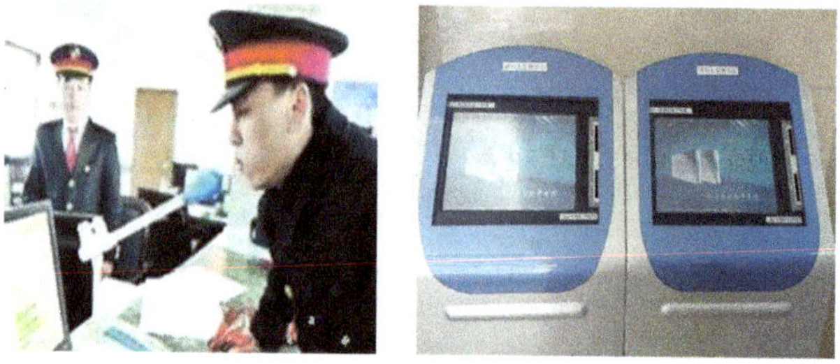

图14-16　派班室出退勤岗位

7. 资料柜

标　准

(1)设置专用的资料摆放柜，每个隔层摆放的资料种类需用标签进行注释，粘贴于距资料柜边缘处。

(2)按照文件夹标签的尺寸统一制作文件夹标签。

(3)文件夹进行编号管理，标签上印制编号，按编号顺序摆放文件夹(图14-18)。

(4)在文件夹侧面制作或粘贴成彩虹状或一条直线，直线线宽10 mm(图14-17)。

图　例

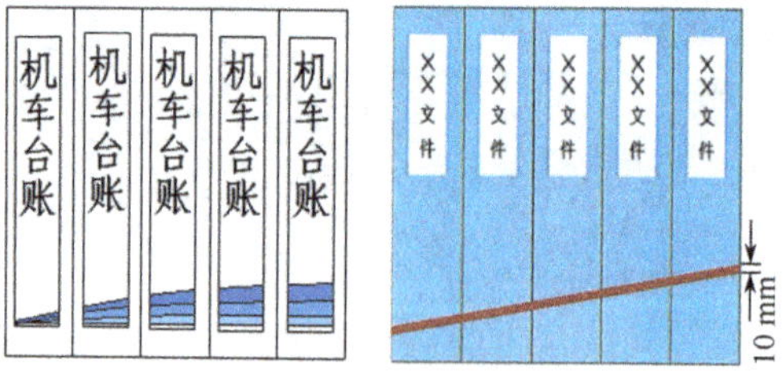

图14-17　文件夹标示

实际案例

图 14-18 文件夹

8. 手账柜

标 准

(1)司机手账分组存放整齐，放入抽屉封闭(图 14-19)。

(2)抽屉面粘贴指导组标示。规格自定义。

实际案例

图 14-19 手账柜

9. 乘务员名牌

标 准

(1)名牌规格：高×宽×厚为 75 mm×20 mm×5 mm，材料为中空亚克力板，名牌纸张规格：60 mm×16 mm。

(2)不同线别人员姓名牌以不同底色区分。

(3)名牌字体颜色：名牌分正反两面，正面用黑色字体，代表固定或已知(值乘交路)的人员，反面用红色字体，代表需叫班或需关注的人员。

(4)名牌内容：根据标示的内容，第一层为乘务员工号区；第二层为职名标示；第三层为车队、指导组简称；第四层为司机驾驶证、学习司机证准驾类型；第五层为乘务员姓名（图 14-20）。

（5）关键人标示：用黑色三角形标在名牌中间。

实际案例

图 14-20　乘务员名牌

10. 信息查询机

标　准

（1）各派班室配备乘务员信息查询机（图 14-21）。

（2）查询机上有作业标准、各类规章制度、站场平面图、两违信息、百安赛情况、近期事故通报等内容，车间指定专人及时更新系统的信息。

（3）在机体合适位置粘贴管理责任人标签。

实际案例

图 14-21　信息查询机

11. 行李摆放架

标　准

（1）派班室靠墙一侧顺序摆放 1～3 个不锈钢乘务包摆放架（长 1 200 mm，宽 460 mm，高 1 100 mm），行李要摆放整齐（图 14-22）。

(2)在摆放架合适位置粘贴管理责任人标签。

实际案例

图 14-22 行李摆放架

14.3 待乘室

1. 待乘室铭牌

标准

(1)在待乘室门口应悬挂规格、样式统一的铭牌(图 14-23)。

(2)推荐规格:700 mm×500 mm。

(3)字体:方正韵动中黑简体。

(4)材料:PC 板单面印刷。

图例

图 14-23 待乘室铭牌

2. 待乘制度张挂牌

标 准

(1)机务段待乘室应将待乘室工作人员岗位职责、干部查岗职责、待乘纪律、最新候班车次制作成硬板框挂于墙上,不得随意张贴(图 14-24)。

(2)规格自定义。

实际案例

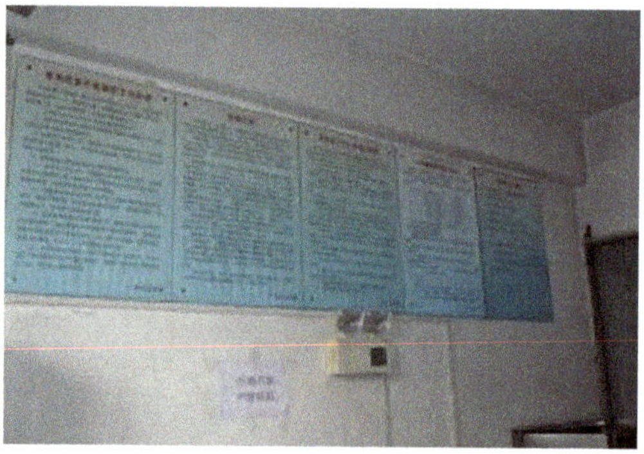

图 14-24　制度张挂牌

3. 值班室设施

标 准

(1)待乘室应配齐工作微机、指纹仪、视频摄像头等设备(图 14-25)。

(2)值班岗位桌面只放置显示器、指纹仪、登记簿等物品。

实际案例

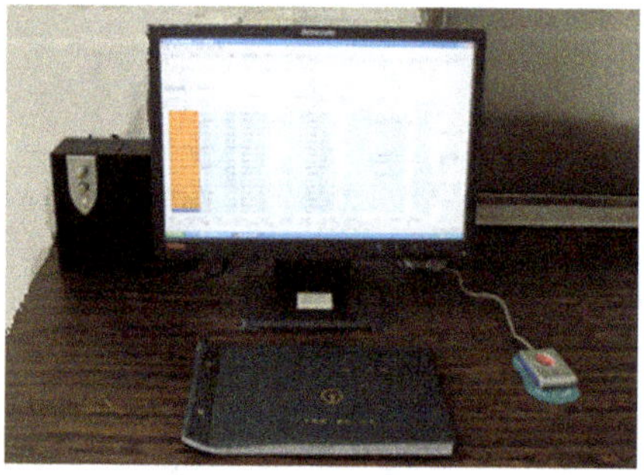

图 14-25　值班室电脑

4. 休息室房门

标 准

(1)待乘室房门应设有检查孔,便于检查人员对乘务员待乘情况进行检查(图 14-26)。

(2)检查孔规格:200 mm×120 mm(并配有推拉式或翻盖式盖板)。

实际案例

图 14-26 休息室房门观察孔

5. 休息室内设施

标 准

(1)房间应齐备暖水瓶、拖鞋、衣柜、桌椅及必备卧具等物品(图 14-27)。

(2)要求一班一清扫,一周一大扫,保持窗明地净,物品清洁整齐。

实际案例

图 14-27 休息室

6. 卫生间

标　准

(1)卫生间整洁明亮,配齐热水器、洗脸盆,抽水马桶(图 14-28)。

(2)要求一班一清扫,一周一大扫,保持窗明地净,物品清洁整齐。

实际案例

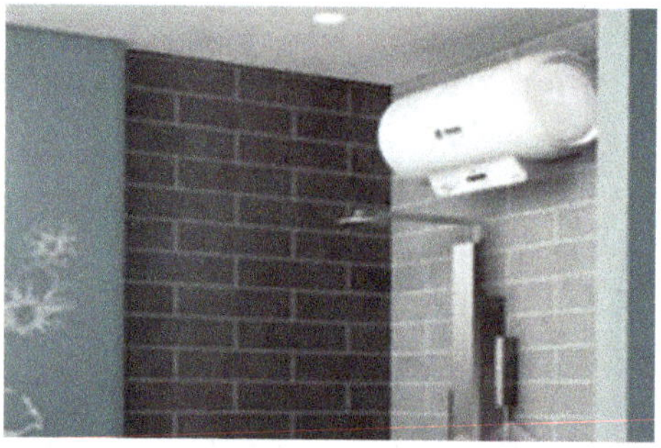

图 14-28　卫生间

7. 走廊

标　准

(1)走廊环境优美、肃静、舒适(图 14-29)。

(2)要求一班一清扫,一周一大扫,保持窗明地净,物品清洁整齐。

(3)走廊尽头设有摄像头。

实际案例

图 14-29　走廊

14.4 准备室

1. 准备室铭牌

标 准

(1)在准备室门口应悬挂规格、样式统一的铭牌(图 14-30)。

(2)推荐规格:700 mm×500 mm。

(3)字体:方正韵动中黑简体。

(4)材料:PC 板单面印刷。

图 例

图 14-30 准备室铭牌

2. 休息桌和沙发

标 准

(1)准备室应设立休息桌和沙发,视职工数量可适当增加(图 14-31)。

(2)休息桌至少可以供 8 名职工休息。

(3)规格自定义。

实际案例

图 14-31 准备室

3. 空调

标　准

(1)根据准备室空间,配备制冷、制热设备,满足需求(图 14-32)。
(2)在柜体合适位置粘贴管理责任人标签和节能标签。

实际案例

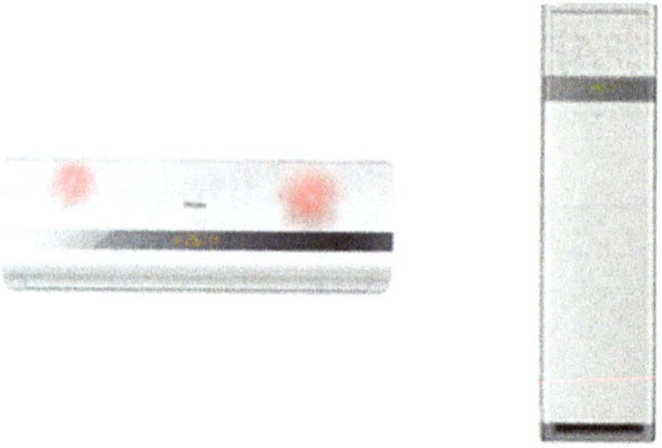

图 14-32　空调

4. 饮水机

标　准

(1)具备制冷、加热功能,配备一次性纸杯(图 14-33)。
(2)在柜体合适位置粘贴管理责任人标签。

实际案例

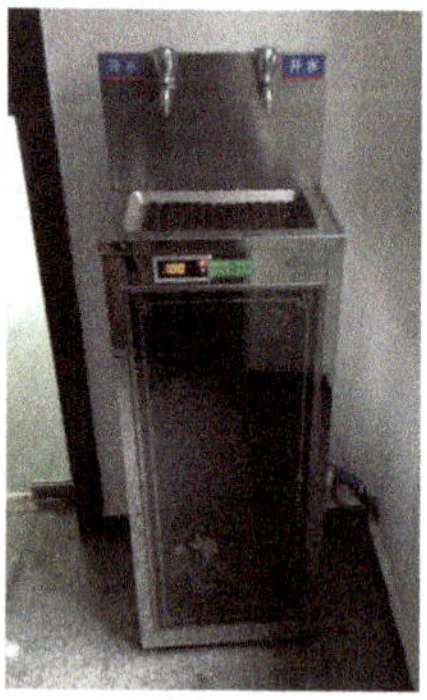

图 14-33　饮水机

5. 电视机

标 准

(1)准备室配备一台电视机(图 14-34)。

(2)电视机播放的内容:近期铁路安全事故事例;铁路规章制度、安全防护知识等。

(3)合适位置粘贴相关责任管理人标示。

实际案例

图 14-34 电视机

6. 仪容镜

标 准

(1)准备室安置一面仪容镜(图 14-35)。

(2)规格:800 mm×450 mm。

(3)合适位置粘贴相关责任管理人标示。

(4)材料:PC 板单面印刷;亚克力板。

实际案例

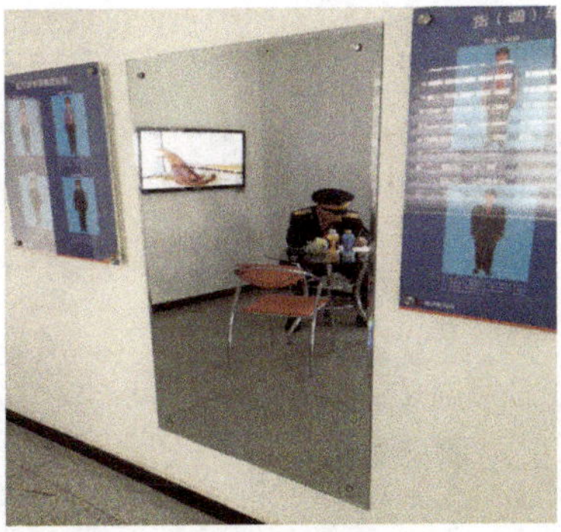

图 14-35 仪容镜

7. 乘务员着装标准标示牌

标 准

(1)乘务员着装标准标示牌分客车乘务员标准及货(调)车乘务员标准(图 14-36)。

(2)内容:夏季(短、长袖)、冬季着装图例。

(3)规格:600 mm×400 mm。

(4)材料:PC 板单面印刷;亚克力板。

实际案例

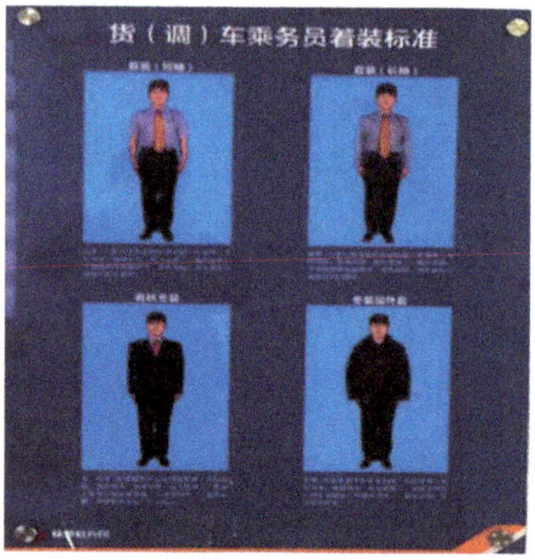

图 14-36 着装标准标示牌

14.5 驻寓指导室

1. 驻寓指导室铭牌

标 准

(1)在驻寓指导室门口应悬挂规格、样式统一的铭牌(图 14-37)。

(2)推荐规格:700 mm×500 mm。

(3)字体:方正韵动中黑简体。

(4)材料:PC 板单面印刷。

图 例

图 14-37 驻寓指导室铭牌

2. 驻寓指导室定置图

标 准

(1)按要求配齐相应设备,并定置管理(图 14-38)。

(2)配齐运用安全管理系统、监控文件地面分析处理系统,相应微机、指纹仪、酒精测试仪、电子巡更仪、打印机、视音频监视器和专用电话。

图 例

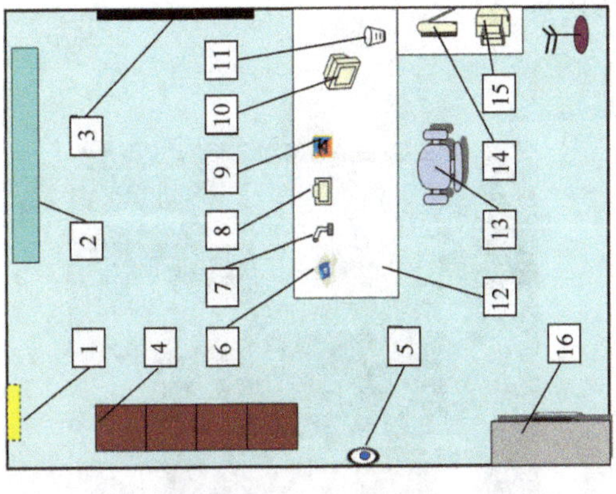

图 14-38 定置图

1. 门;2. 双层行李架;3. 长椅;4. 张挂图板;5. 摄像头;6. 指纹仪;7. 测酒仪;8. 转储器;9. 电话;10. 电脑;11. 茶杯;12. 座椅;13. 办公桌;14. 传真机;15. 打印机;16. 文件柜

3. 驻寓指导室张挂牌

标 准

驻寓指导室应将驻寓值班干部员岗位职责、查岗制度、出退勤制度、学习制度、请销假制度、最新候班车次等制作成硬板框挂于墙上(图 14-39)。

实际案例

图 14-39　驻寓指导室张挂牌

4. 驻寓指导室设备

标　准

驻寓值班室按要求配齐相应设备，但桌面只摆放微机显示器、指纹仪、测酒仪、电话、转储器、登记簿、传达簿(图 14-40)。

实际案例

图 14-40　驻寓指导室电脑

5. 驻寓指导室行李架

标　准

(1)驻寓指导室靠墙一侧顺序摆放 1～3 个乘务包摆放架(图 14-41)。

(2)规格：长 1 200 mm，宽 460 mm，高 1 100 mm。

(3)材料：方钢、不锈钢、铝材。

实际案例

图 14-41 行李架

6. 资料柜

标 准

(1)设置专用的资料摆放柜，每个隔层摆放的资料种类需用标签进行注释，粘贴于距资料柜边缘处(图 14-43)。

(2)按照文件夹标签的尺寸统一制作文件夹标签。

(3)文件夹进行编号管理，标签上印制编号，按编号顺序摆放文件夹。

(4)在文件夹侧面制作或粘贴成彩虹状或一条直线，直线线宽 10 mm(图 14-42)。

图 例

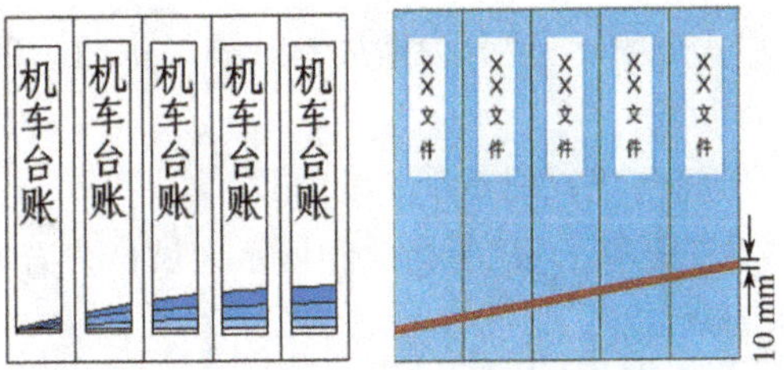

图 14-42 文件夹

实际案例

图 14-43 资料柜

14.6 安全警示室

1. 安全警示室铭牌

标　准

(1)在安全警示室门口应悬挂规格、样式统一的铭牌(图 14-44)。

(2)推荐规格:700 mm×500 mm。

(3)字体:方正韵动中黑简体。

(4)材料:PC 板单面印刷。

图　例

图 14-44　安全警示室铭牌

2. 安全警示室布局

标　准

分区域:

(1)房间面积原则不少于 50 m^2。

(2)“安全警示室”分为播放室和展示室两个独立区域(室)(图 14-45)。

不分区域:

(1)房间面积原则不少于 50 m^2。

(2) “安全警示室”的播放和展示区域(室)合并。

图　例

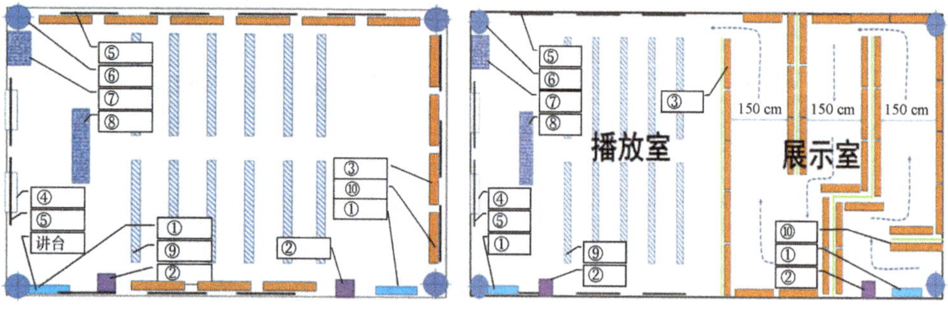

图 14-45　定置图

①进、出门;②指纹录入处;③展板;④电视机或投影;⑤标语;⑥摄像头;⑦保管柜(架);⑧讲台;⑨桌椅;⑩展板前言。

3. 指纹机

标 准

(1)指纹仪 2 台(进、出门各 1 台)及计算机设备(可与视频主机共用)(图 14-46)。

(2)具备指纹录入记录存储和查询功能。

实际案例

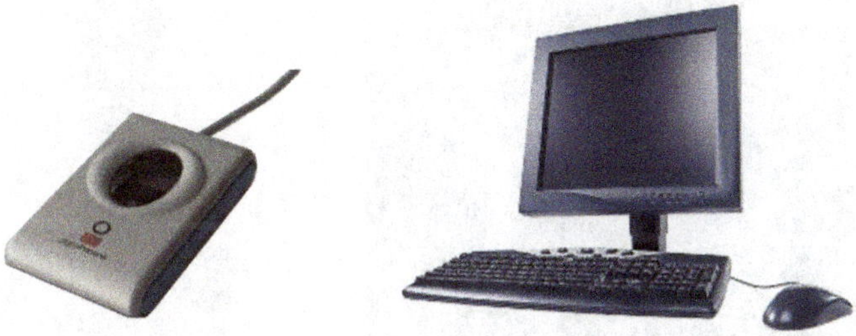

图 14-46 指纹机

4. 视频记录装置

标 准

(1)主机 1 台、加装摄像头 4 个(图 14-47)。

(2)具备 1 个月视频文件记录存储和本车间远程监视功能。

实际案例

图 14-47 视屏记录装置

5. 多媒体设备

标　准

(1)配备平板液晶电视机(不低于 52 寸)2 台或投影机 1 台(图 14-48)。

(2)具备安全警示片、教育片、宣传片等音像或投影播放功能。

实际案例

图 14-48　多媒体

6. 张挂牌

标　准

(1)设行车安全、劳动安全、消防安全、典型“两违”等展板若干(图 14-49)。

(2)规格:高度超 2 800 mm 的,展板高度原则为 1 800 mm,宽度为高度的 3/4 倍。

(3)每个展板应主题鲜明,前言展板应有落款。

实际案例

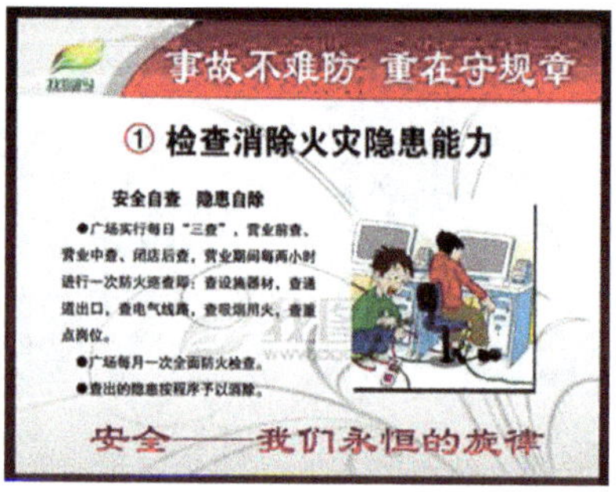

图 14-49　文化宣传张挂牌

7. 讲台

标 准

(1)应配备多媒体讲台,配备必要设备,可随时进行播放操作(图 14-50)。

(2)在柜体合适位置粘贴管理责任人标签。

实际案例

图 14-50 多媒体讲台

8. 座椅

标 准

(1)采用桌板与坐凳成一体的“活动型”桌椅,摆设横竖成一线固定地面(图 14-51)。

(2)常态时桌板收拢形成人行通道,需使用桌板时临时展开。

实际案例

图 14-51 座椅

9. 空调

标　准

(1)根据警示室空间,配备制冷、制热设备,满足需求(图 14-52)。

(2)在柜体合适位置粘贴管理责任人标签和节能标签。

实际案例

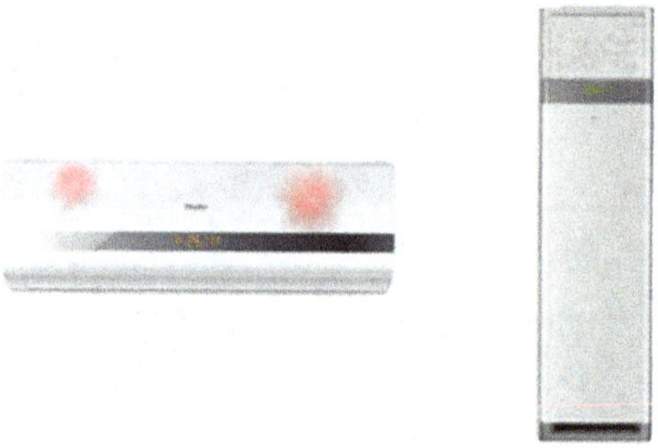

图 14-52　空调

10. 饮水机

标　准

(1)具备制冷、加热功能,配备一次性纸杯(图 14-53)。

(2)在柜体合适位置粘贴管理责任人标签。

实际案例

图 14-53　饮水机

11. 门“推”“拉”标示

标　准

(1)在出入门把手正上方贴“推”字牌，并在门背面贴“拉”字牌(图 14-54)。

(2)字体：黑体。

(3)颜色：蓝底白字。

(4)规格：60 mm×60 mm。

实际案例

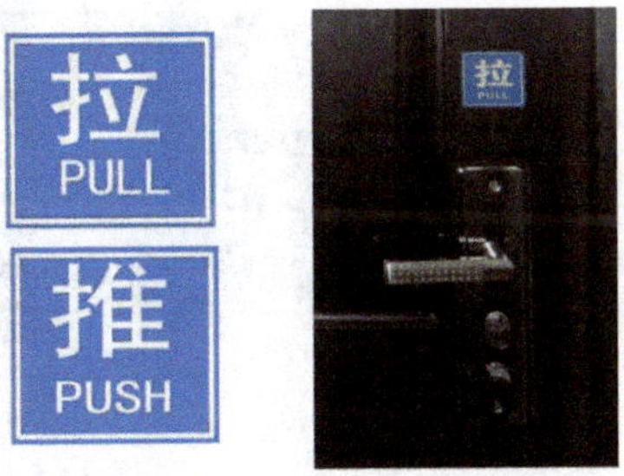

(a)　　(b)

图 14-54　门标示

14.7　学习室

1. 学习室铭牌

标　准

(1)在学习室门口应悬挂规格、样式统一的铭牌(图 14-55)。

(2)推荐规格：700 mm×500 mm。

(3)字体：方正韵动中黑简体。

(4)材料：PC 板单面印刷。

图　例

图 14-55　学习室铭牌

2. 门“推”“拉”标示

标 准

(1)在出入门手把正上方贴“推”字牌,并在门背面贴“拉”字牌(图 14-56)。

(2)字体:黑体。

(3)颜色:蓝底白字。

(4)规格:60 mm×60 mm。

实际案例

(a)

(b)

图 14-56 门标示

3. 学习室设施

标 准

(1)配置座椅、多媒体教学设备、并配置空调、风扇、饮水机等生活设施(图 14-57)。

(2)实行定置管理,物品摆放整齐有序。

实际案例

图 14-57 学习室

4. 学习室看板

标 准

(1)教室后部可设置文化、生产看板(图 14-58)。

(2)看板格式自定义。

实际案例

图 14-58 学习室看板

14.8 考试室

1. 考试室铭牌

标 准

(1)在机调室门口应悬挂规格、样式统一的铭牌(图 14-59)。

(2)推荐规格:700 mm×500 mm。

(3)字体:方正韵动中黑简体。

(4)材料:PC 板单面印刷。

图 例

图 14-59 考试室铭牌

2. 门“推”“拉”标示

标　准

(1)在出入门把手正上方贴“推”字牌，并在门背面贴“拉”字牌(图 14-60)。

(2)字体：黑体。

(3)颜色：蓝底白字。

(4)规格：60 mm×60 mm。

实际案例

(a)　　(b)

图 14-60　门标示

3. 管理制度牌

标　准

(1)内容：考试室的卫生管理、课堂纪律及人员的管理规定(图 14-61)。

(2)规格：600 mm×400 mm。

(3)位置：粘贴在室内。

实际案例

图 14-61　制度牌规格

4. 考试室设施

标　准

(1)配备电脑桌、电脑、投影仪、手写板、空调、风扇、饮水机等设施，考试室实施物品定置管理、物品摆放应整齐有序、整洁干净(图 14-62)。

(2)在考试室四周粘贴学习标语或名言警句。

实际案例

图 14-62　电化教室

14.9　班组休息室

1. 班组休息室铭牌

标　准

(1)在班组休息室门口应悬挂规格、样式统一的铭牌(图 14-63)。

(2)推荐规格：700 mm×500 mm。

(3)字体：方正韵动中黑简体。

(4)材料：PC 板单面印刷。

图　例

图 14-63　班组铭牌

2. 定置示意图

标　准

(1)对班组内的所有桌椅和柜子按固定、半固定物进行定置管理,划黄色定置线。

(2)根据物品的定位绘制班组定置示意图,悬挂在班组墙面上,推荐规格:长 1 000 mm,宽 500 mm;也可根据班组墙面大小适当调整大小,长宽比为 2∶1(图 14-64)。

(3)更衣室及生活室可根据实际情况分区域集中设置。

(4)材料:可根据班组具体情况采用塑料、纸张等材料。

图　例

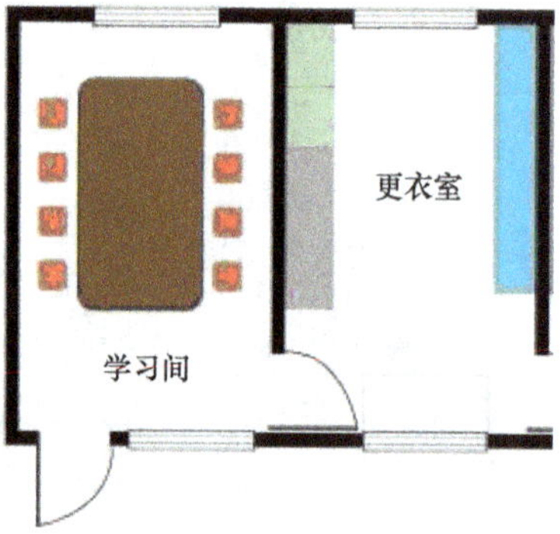

图 14-64　定置图

3. 点名区域

标　准

(1)明确班组集中点名的区域(图 14-65)。

(2)库房内安全区域设置班组人员点名站立点。

(3)绿色区域宽为 300 mm,黄边为 100 mm;圆圈内外直径为:300/400 mm。

图　例

图 14-65　点名区域定置图

4. 班组休息室设施

标 准

(1)对班组休息室设备进行定置管理(图 14-66)。

(2)配备检修信息系统所必需的电脑、读卡器等设施。

(3)配备座椅、空调、风扇、饮水机等生活设施。

实际案例

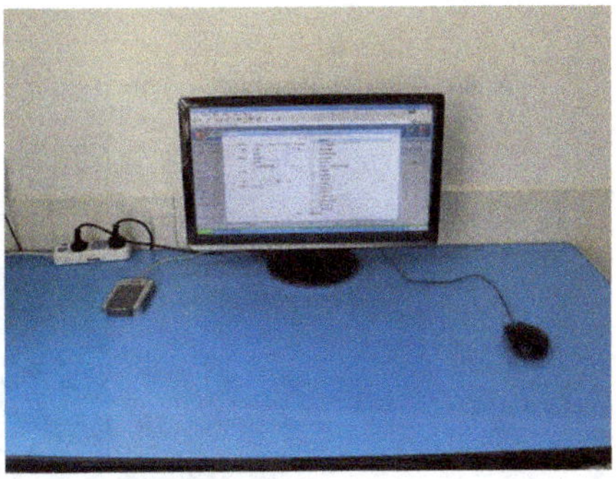

图 14-66 电脑

5. 茶几

标 准

(1)对班组茶几及摆放物品进行定置管理。

(2)班组茶几用于摆放所有班组成员的水杯,开水壶和班组物品〔图 14-67(a)〕。茶几及摆放物品样式统一配置。

(3)依照水杯尺寸制作有机玻璃等材质的水杯存放架,水杯存放架摆放在茶几第一层〔图 14-67(b)〕。

(4)分别在水杯杯体和杯盖粘贴不干胶标签,标签标注班组成员姓名,标签规格依照水杯尺寸。

实际案例

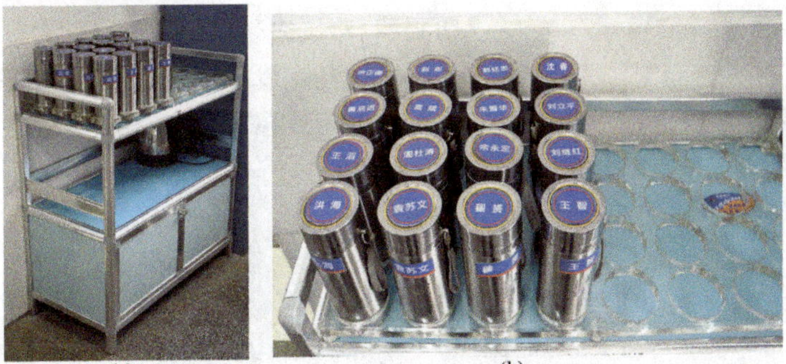

(a) (b)

图 14-67 茶几(水杯)

6. 班组休息室物品摆放

标　准

（1）班组休息室实施物品定置管理、物品摆放应整齐有序、整洁干净（图 14-68）。
（2）相关物品在合适位置粘贴管理责任人标签。

实际案例

图 14-68　休息桌

7. 资料柜

标　准

（1）设置专用的资料摆放柜，每个隔层摆放的资料种类需用标签进行注释，粘贴于距资料柜边缘处（图 14-70）。

（2）按照文件夹标签的尺寸统一制作文件夹标签。

（3）文件夹进行编号管理，标签上印制编号，按编号顺序摆放文件夹。

（4）在文件夹侧面制作或粘贴成彩虹状或一条直线，直线线宽 10 mm（图 14-69）。

图　例

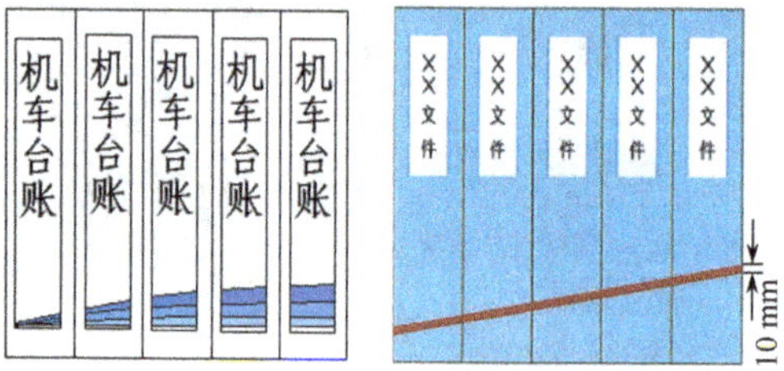

图 14-69　文件夹标示规格

实际案例

图 14-70 资料柜

8. 班组管理看板

标 准

(1)班组看板内容包括:奋斗口号和目标、班组简介、全家福照片、人员状况、安全风险、改善愿景、班务公开、班组管理、生产动态安全动态十字星等(图 14-71)。

(2)推荐规格:2 400 mm×1 200 mm。

(3)悬挂在班组合适墙面上。

实际案例

图 14-71 班组管理看板

9. 更衣室

标 准

(1)更衣室根据实际情况分区域集中设置(图 14-72)。

(2)更衣柜外框颜色可统一使用孔雀蓝，宽度为 30 mm，主体为海灰色，并在左上角贴有“管理责任人”标签。

实际案例

图 14-72　更衣室

10. 更衣柜内摆放标准

标准

(1)明确更衣柜内部物品摆放要求，做到定置管理，明确责任人。

(2)柜内只能摆放季节性的个人穿戴衣物、劳保用品、学习用品、个人用品，并严格按定置摆放；物品摆放应整齐有序、整洁干净。

(3)柜内第一层摆放工作服；第二层摆放日常衣服；第三层摆放日常用品(图 14-73)。

(4)每个隔层可用黄色标示线进行区域划分，摆放的物品可以粘贴名称标签；黄色标示线宽度 10 mm；名称标签自定义。

(5)在柜门左上角粘贴管理责任人标签。

实际案例

图 14-73　内部物品摆放

11. 更衣柜责任人

标 准

(1)衣柜柜门上统一粘贴使用人信息标示,样式参照右图(图 14-74)。

(2)规格:自定义。

(3)颜色:蓝底白字或红底黄字。

(4)材料:不干胶。

实际案例

名称	更衣柜
班组	受电弓
责任人	张　三

图 14-74 责任人卡

12. 生活室

标 准

(1)生活室可根据实际情况分区域集中设置。

(2)生活室配备微波炉、消毒柜、洗衣机、冰箱、洗手池等生活设施,方便职工日常生活(图 14-75)。

(3)生活室实施物品定置管理、物品摆放应整齐有序、整洁干净。

实际案例

图 14-75 生活室

14.10 司机室

1. 操纵台

标 准

(1)操纵台应整洁、干净(图 14-76)。

(2)操纵台粘贴的各类标签应规范统一。

实际案例

(a)

(b)

图 14-76 司机室

2. 生活设施

标 准

(1)基本配置:微波炉(图 14-77)、电水壶、冰箱。

(2)生活设施状态良好,摆放应整齐有序、整洁干净。

实际案例

图 14-77 生活设施柜

3. 司机室座椅

标 准

(1)座椅应作用良好,座椅套干净、无破损(图 14-78)。

(2)和谐司机室座椅应统一加装座椅防护套,座椅套颜色推荐:灰色。

实际案例

(a)

(b)

图 14-78 司机室座椅

4. 机车单操座椅

标 准

(1)和谐机车应统一配置坐卧式两用单操座椅(图 14-79)。

(2)颜色:红色、蓝色。

实际案例

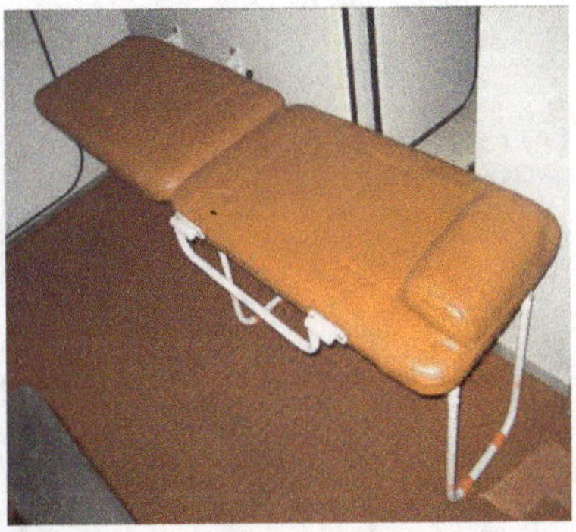

图 14-79 机车单操座椅

5. 司机室地板

标　准

(1)司机室地板应铺设防护胶皮,胶皮铺设应平整,和谐机车地板胶皮边缘应压设不锈钢边条(图 14-80)。

(2)新铺设的地板胶皮颜色统一选用灰白色或棕黄色。

实际案例

(a)　(b)

图 14-80　司机室地板

6. 张挂牌

标　准

(1)司机室应设置专用的张贴区域,统一制作张挂牌(图 14-81)。

(2)材料:PC 板单面印刷,亚克力板。

(3)规格:自定义。

实际案例

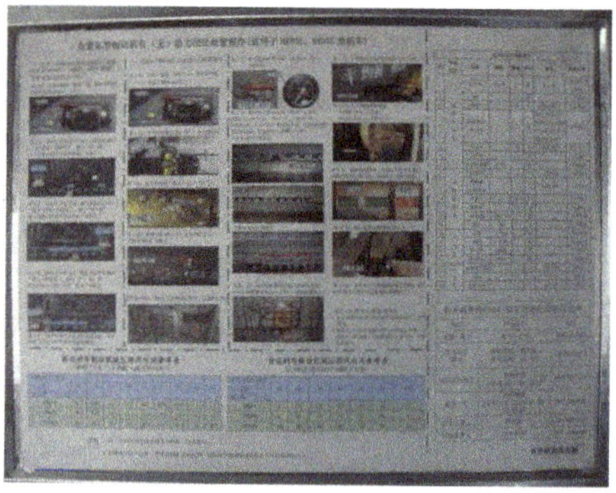

图 14-81　司机室张挂牌

14.11 检修库

1. 禁止标志

标 准

(1)制作长方形标志牌,明确禁止内容及图案(图 14-83)。

(2)禁止标志牌应悬挂或张贴在显眼的地方。

(3)规格:250 mm×300 mm(图 14-82)。

(4)材料:PC 板单面印刷,外圈和斜杠为红色。

图 解

图 14-82 标志规格

图 例

图 14-83 禁止标志

2. 警告标志

标 准

(1)制作三角形标志牌,明确警示内容和图案(图 14-85)。

(2)警告标志牌应悬挂在显眼的地方。

(3)规格:250 mm×300 mm(图 14-84)。

(4)材料:PC 板单面印刷,黑色图案,黄色衬底。

图　解

图 14-84　标志规格

图　例

图 14-85　警告标志

3. 指令标志

标　准

(1)制作长方形标志牌,明确保护性指令内容及图案(图 14-87)。

(2)在必须穿着或设置保护用品的地方悬挂相应指令标志牌。

(3)指令标志牌应悬挂在显眼的地方,离地面高度 2 200 mm。

(4)规格:250 mm×300 mm(图 14-86)。

(5)材料:PC 板单面蓝色印刷。

图　解

图 14-86　标志规格

图　例

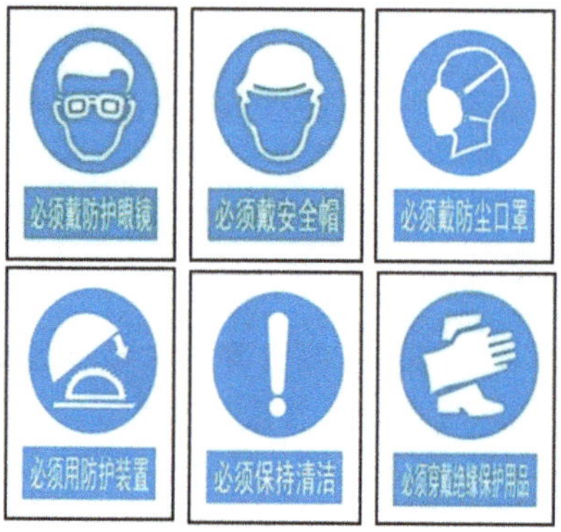

图 14-87　指令标志

4. 消防提示标志

标 准

(1)制作长方形标志牌,明确消防提示内容和图案(图 14-89)。

(2)消防标志牌应悬挂或张贴在显眼的地方。

(3)规格:250 mm×300 mm(图 14-88)。

(4)材料:PC 板单面印刷,绿色图案。

图 解

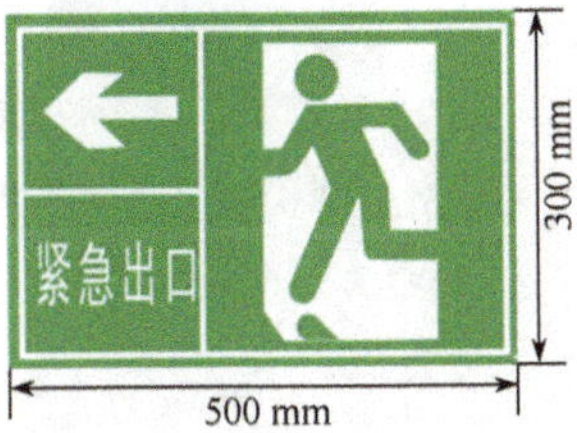

图 14-88　标志规格

实际案例

图 14-89　紧急出口标志牌

5. 危险物品标示

标 准

(1)制作菱形标志牌,明确危险物品的内容和图案(图 14-91)。

(2)规格:250 mm×250 mm(图 14-90)。

(3)材料:PC 板单面印刷。

(4)标志牌附着在保管危险物品的显眼位置或出入口正面。

图 例

图 14-90　标志规格

实际案例

图 14-91　危险物品标志

6. 消防设施

标　准

(1)消防设施周边用黄色定置标签确定位置，并在其正上方，紧挨墙裙线粘贴铭牌；在灭火器柜右侧正上方粘贴管理责任人卡，印刷内容如图 14-93 所示。

(2)推荐规格：铭牌 210 mm×350 mm，责任人卡 90 mm×60 mm。

(3)正面印刷“灭火器”或“消火栓”红或蓝色字样(图 14-92)。

(4)铭牌采用 PC 板单面印刷，标示采用不干胶印刷。

图　解

图 14-92　标志规格

实际案例

图 14-93　灭火器标志

7. 开关和电源插座

标 准

(1)在开关的正上方 20 mm 的位置粘贴(灯管与开关对应图)。电源插座、插头一侧粘贴电压等级标示(图 14-95)。

(2)开关标示规格:90 mm×90 mm;电压等级标示边长 20 mm 的三角形(图 14-94)。

图 例

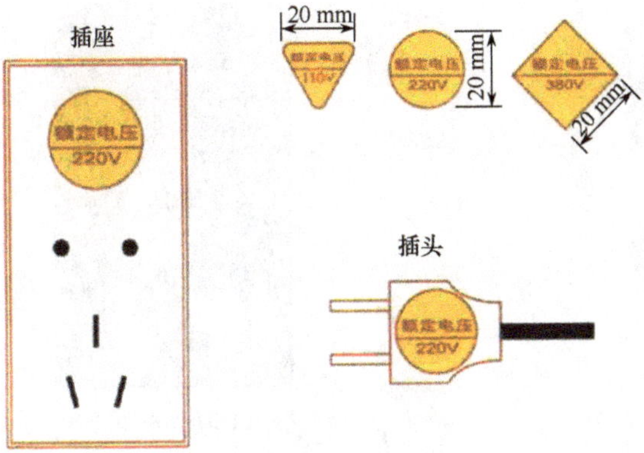

图 14-94 标示规格

实际案例

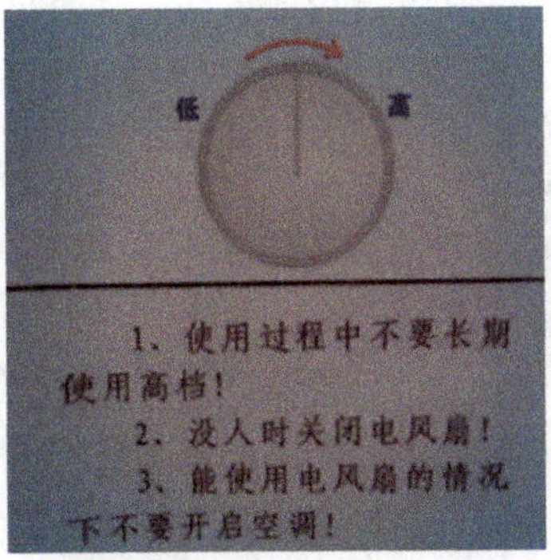

图 14-95 开关标示

8. 拐角防护

标　准

拐角防护、作业架等凸出物统一采用黄黑两色交替45°斜线，左低右高（图14-96）。黄、黑两色应与拐角防护、作业架本色有明显区分（拐角防护、作业架本色为非黑色时，拐角防护头顶的三角形刷黑色；反之刷黄色）（图14-97）。

图　解

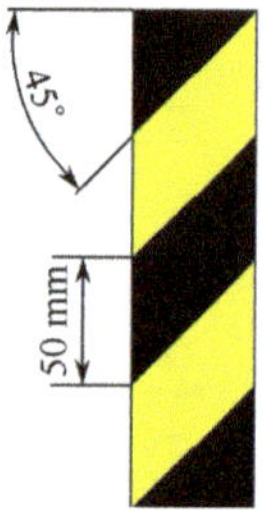

图14-96　标示规格

实际案例

图14-97　拐角防护

9. 钢轨安全警示区域

标　准

（1）在库内钢轨区域，距离钢轨外侧1 050 mm处向轨外划一条宽为100 mm的黄色安全线。

（2）遇跨越钢轨的平交道区域时黄色安全线以虚线形式标示，两黄色安全线间的平交道区域划白色斑马线（图14-98）。

实际案例

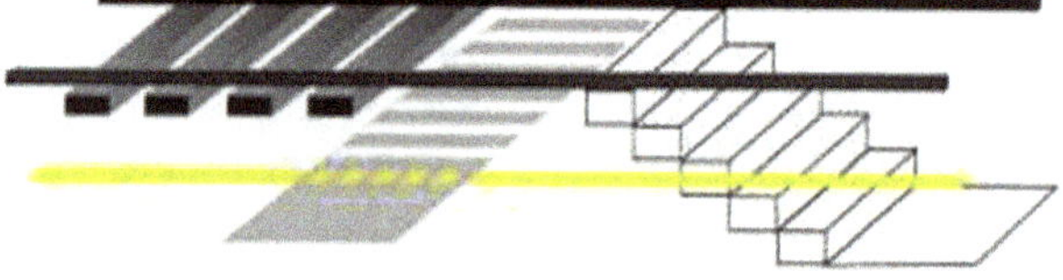

图14-98　钢轨安全警示区域

10. 楼梯

标 准

(1)对所有登高梯进行色标管理,提示安全。

(2)楼梯阶梯选用海灰色,安全扶手选用黑黄相间警示色(图 14-99)。

(3)黑黄相间警示色比例 1∶1。

(4)警示牌规格:蓝底白字,300 mm×150 mm。

实际案例

(a) (b)

图 14-99 登高楼梯

11. 阀类标准

标 准

(1)阀门用文字及箭头标明"开"、"关"(图 14-100)。

(2)规格:根据阀门的大小自定义。

图 解

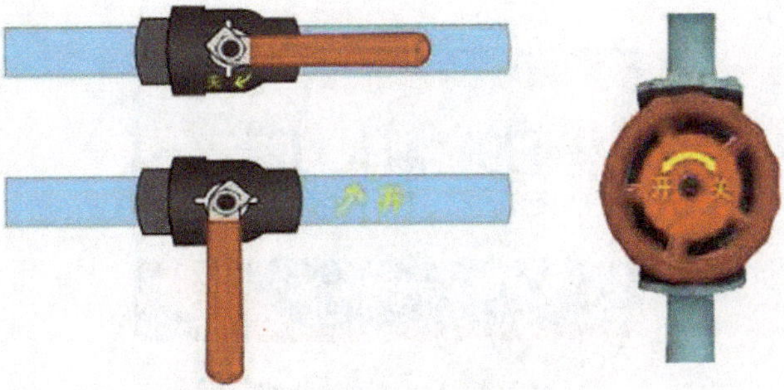

图 14-100 开关阀标示

12. 管道

标 准

风管颜色:风管表面涂刷天蓝色。

油管颜色:油管表面涂刷黄色。

废水颜色:废水管表面涂刷黑色。

管道流向标示:用箭头标示管道内气体、液体的流向;箭头颜色与管道颜色应为对比色(图 14-101)。

图 解

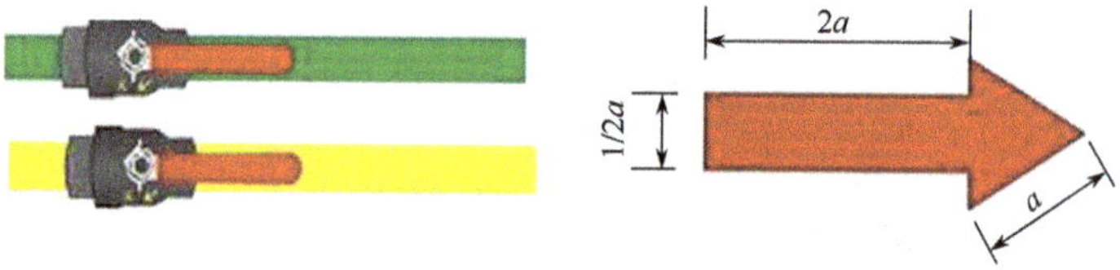

图 14-101 标示规格

13. 库房名称

标 准

(1)在库房门口应悬挂规格、样式统一的铭牌(图 14-102)。

(2)推荐规格:700 mm×500 mm。

(3)字体:方正韵动中黑简体。

(4)材料:PC 板单面印刷。

图 例

图 14-102 铭牌规格

14. 库房大门

标 准

库房门表面严禁粘贴任何标示，库房门应灵活自如，推荐选用自动提升门，推荐颜色为蓝色(图 14-103)。

实际案例

图 14-103 库房门

15. 墙裙

标 准

库房内的墙裙以浅色为主，推荐选用瓷砖或粉刷象牙色涂料，高度为 1 250 mm～1 500 mm;在没有划分墙裙线的库房，可用墙角线进行标示，高度为 300 mm(图 14-104)。

实际案例

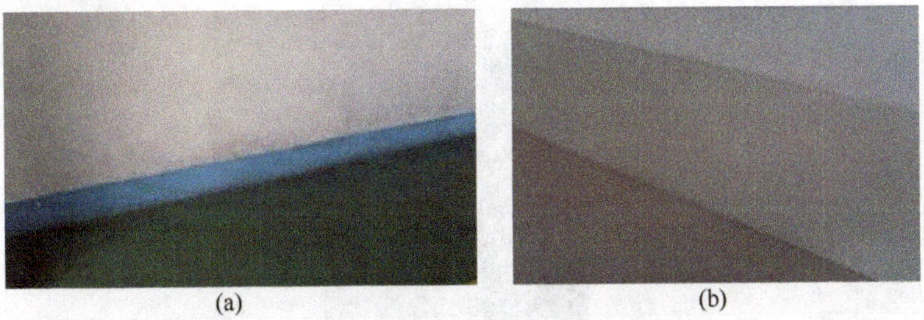

(a)　　(b)

图 14-104 墙裙

16. 地沟侧墙、地面

标　准

(1)侧墙应采用易维护、不易损坏墙体的材料,推荐不锈钢护墙(图 14-105)。

(2)护墙一端处应设有相关警示提示卡。

(3)地面应铺设防滑材料。

实际案例

图 14-105　地沟

17. 地沟钢轨内侧

标　准

轨道支撑角铁或螺栓涂刷红色(图 14-106)。

实际案例

图 14-106　地沟钢轨内侧

18. 渡板

标 准

(1)渡板应专门定制,四周涂黄边,渡板内部涂刷铁红色(图 14-107)。

(2)规格:渡板宽度为 800 mm;黄边:50 mm。

(3)材料:铁、铝

实际案例

图 14-107 渡板图解

19. 区域划分

标 准

(1)明确各个区域的位置,方便职工寻找相应地点〔图 14-108(b)〕。

(2)划分线颜色:作业区域、设备区域、墙面边缘设置黄色线带〔图 14-108(a)〕。

(3)规格:距离设备投影边缘 50 mm 的位置划线,距离墙面边缘 100 mm 的位置划线,若有凸出或凹入的墙面,在离墙面边缘相应的位置按直线划黄线,但要求区域内的划线尽量取直。

实际案例

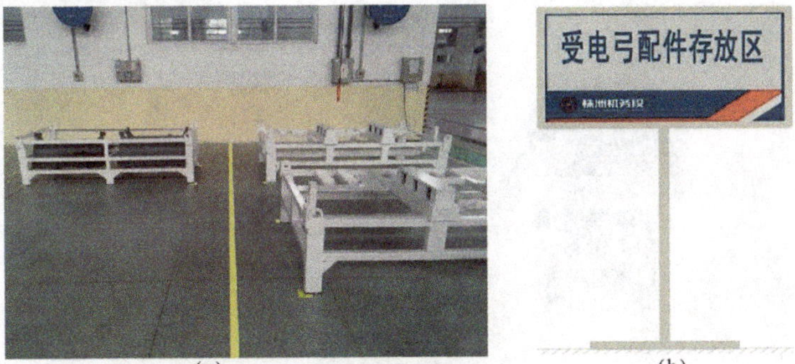

(a) (b)

图 14-108 区域划分

20. 防护栏

标　准

（1）安全防护栏颜色为黄黑相间，黄黑宽度比为 1∶1，护栏高度控制在 1 200 mm 左右（图 14-109）。

（2）防护栏应设有警示标示和状态标示。

（3）材质：不锈钢、铁材。

实际案例

图 14-109　防护栏

21. 定位框

标　准

（1）移动类：可移动物品（指搬动车、搬运工具等）用 50 mm 宽黄色半封闭线带标示，出入口标示箭头〔图 14-110(a)〕。

（2）固定类：固定物品区域用 50 mm 宽黄色封闭线带标示〔图 14-110(b)〕。

（3）材料：不干胶。

实际案例

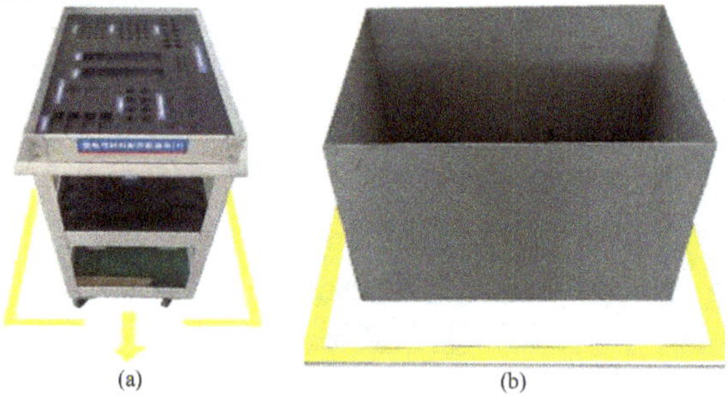

(a)　　(b)

图 14-110　定位框

22. 设备置放

标 准

(1)标示要求:用宽 50 mm 的黄色线划定设备置放区域,置放区域视设备大小而定,设备的外缘应与黄线保持 50 mm 距离,大型设备可用宽 100 mm 黄线划定〔图 14-111(a)〕。

(2)防护要求:机械设备应配有防护设施及安全防护警示标示。

(3)作业指导书:在机械设备旁粘贴《××设备使用作业指导书》〔图 14-111(b)〕。

实际案例

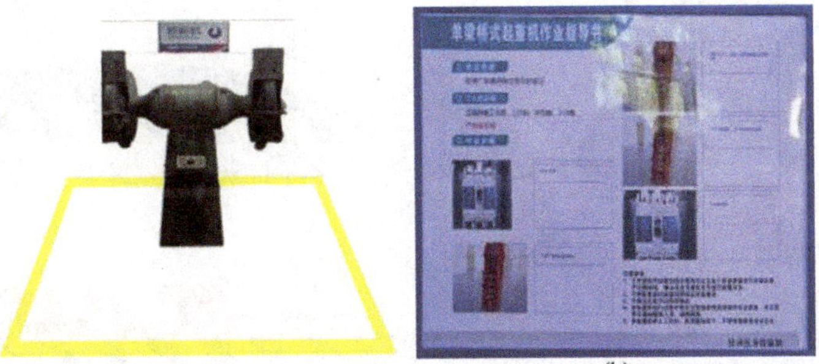

(a) (b)

图 14-111 砂轮机

23. 工作台

标 准

(1)制作要求:检修工位平台根据承修配件尺寸进行设计,高度根据人体力学设置(图 14-112)。

(2)工作台颜色:选用浅色,如浅灰色。

(3)工作台标示:工作台应根据使用功能,粘贴名称标示。

实际案例

图 14-112 受电弓组装工作台

24. 配件存放台

标　准

料底盘侧面涂刷黄黑斑马线，底盘上表面四边涂刷黄色线，在底盘上表面四边黄线内可以配合使用以下颜色(图 14-113)。

- 合格品用绿色；
- 不合格品(废品)用黑色；
- 待检查品用红色。

实际案例

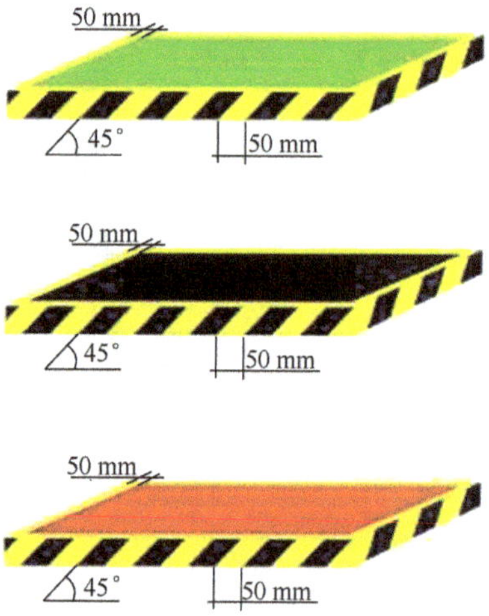

图 14-113　配件存放台

25. 临时地台

标　准

(1)制作要求：临时地台应采用较为轻便的材料，方便职工存取，如使用塑料托盘(图 14-114)。

(2)地台颜色：以浅色为主，如：孔雀蓝。

(3)地台标示：地台应根据使用功能，粘贴名称的标示。

实际案例

(a)　　(b)

图 14-114　临时地台

26. 物料架

标 准

(1)物料架标示:材料存放架内配件要分类摆放,应有显示材料种类、数量、保养责任人的明细表(图 14-115)。

(2)物料架颜色:推荐使用蓝色或灰色。

实际案例

(a) (b)

图 14-115 物料架

27. 物料盒

标 准

(1)物料盒标示:对小型材料进行盒装管理,在材料盒的前端,标明材料名称、规格、存放地点、最大保有量、最小保有量等,推荐采用可调式物料盒(图 14-116)。

(2)物料盒颜色:推荐蓝色。

实际案例

(a) (b)

图 14-116 物料盒

28. 配送架

标 准

(1)配送架标示:配件架上应对配送的配件进行分类,并粘贴相应的配件名称标示(图 14-117)。

(2)配送架颜色:浅灰色或蓝色。

(3)配送架制作:长宽尺寸统一,高度根据配件尺寸设置,可立体存放多层。

实际案例

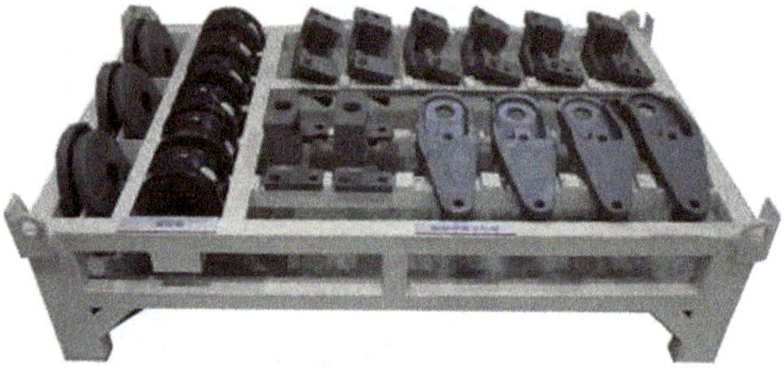

图 14-117 配送架

29. 配送车

标 准

(1)配送车标示:配送车配件按种类及数量进行分类摆放,并粘贴相应的配件名称标示(图 14-118)。

(2)推荐配件以开模投影方式进行管理。

(3)规格:自定义。

(4)标示材料:不干胶。

实际案例

图 14-118 配送车

30. 工具车

标 准

(1)工具集中管理。
(2)工具车内工具按照检修需求配备,工具车上注明存放工具明细表。
(3)工具车内工具进行定位摆放(图 14-119)。

实际案例

图 14-119 工具车

31. 工具箱

标 准

(1)工具集中管理。
(2)工具箱内工具按照检修需求配备,工具箱上注明存放工具明细表(图 14-120)。
(3)工具箱内工具进行定位摆放。

实际案例

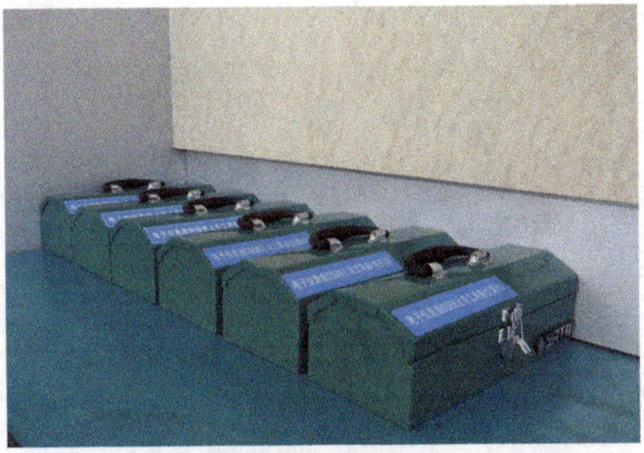

图 14-120 工具箱

32. 工具架

标　准

(1)工具集中管理。

(2)大型、特型工具要实行工具架管理,并对工具进行标示(如:撬棍架)(图 14-121)。

(3)工具架表面涂刷浅色的油漆。

(4)工具架应粘贴相关的维护信息提示卡。

实际案例

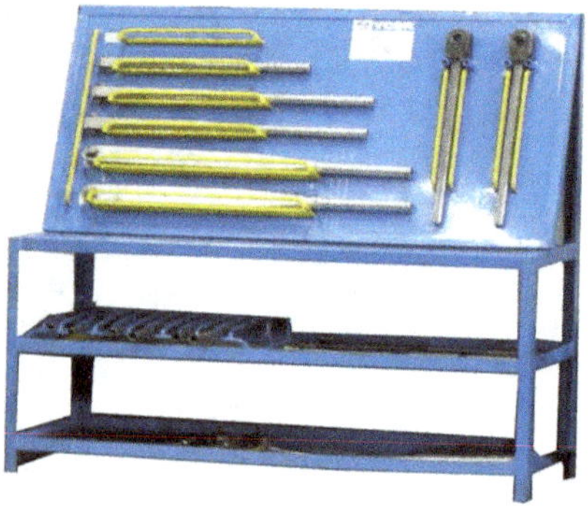

图 14-121　工具架

33. 吊具

标　准

(1)各种型号的吊具应放置于专用吊具柜内,按承载能力的大小,统一编号、顺序排列,柜内应有显示吊具种类、数量、保养责任人的明细表(图 14-122)。

(2)存放架上应粘贴吊具日常检查、维护、不合格判定提示卡,存放架表面涂刷淡黄色。

实际案例

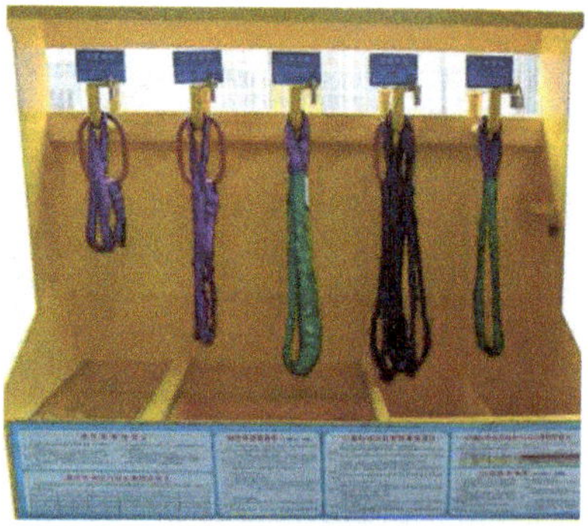

图 14-122　吊具架

34. 风管

标 准

根据胶管的规格、大小制作相应的转盘(图 14-123)。

实际案例

图 14-123 库房风管装置

35. 库内止轮器

标 准

(1)采用轻便、耐压的材料制作止轮器。

(2)止轮器必须印有独立的编号,并按规定进行管理(图 14-124)。

(3)颜色:蓝底白字。

(4)规格:自定义。

实际案例

图 14-124 止轮器

36. 电风扇

标　准

(1)在不使用电风扇的季节,需在其外面套上防尘罩(图 14-125)。

(2)防尘罩颜色推荐选用海蓝色。

(3)内容:各站段明细、及编号。

实际案例

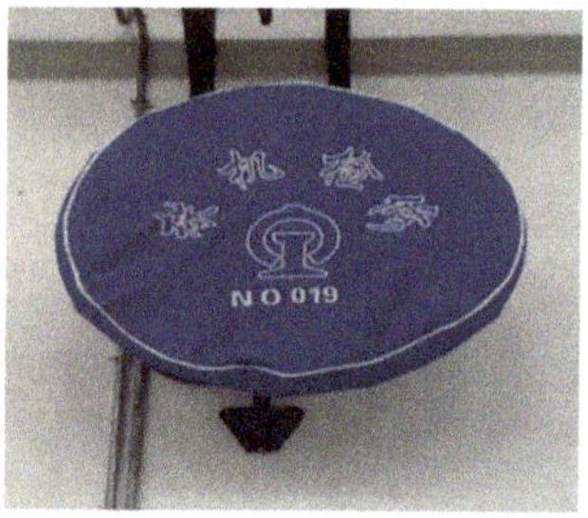

图 14-125　电风扇罩

37. 垃圾箱

标　准

(1)垃圾箱样式应统一。

(2)垃圾箱可分两个回收桶,一个装可回收垃圾,一个装不可回收垃圾(图 14-126)。

实际案例

图 14-126　垃圾箱

38. 工位机

标 准

(1)位置：摆放在库内安全位置，如天车盲区或通道边(图 14-127)。

(2)在工位机背面粘贴管理责任人卡，做好日常的维护工作。

实际案例

图 14-127 工位机

39. 摄像头

标 准

在库房大门上方及库房内适当位置安装监控摄像头(图 14-128)。

实际案例

图 14-128 摄像头

40. 设备状态标示

标　准

(1)设备修理及检查时必须设置标示板,并将标示板放置在最显眼的地方。标示板除了记入姓名的人员外,其他人不得移除。

(2)修理及检查时填写修理及检查所需的时间、修理检查人姓名。

(3)设备运行标示牌放置在运行设备的醒目位置。

(4)在设备运行标示牌确认人栏内填上确认人的姓名、确认日期栏内填上确认日期(图 14-129)。

(5)规格:150 mm×300 mm。

实际案例

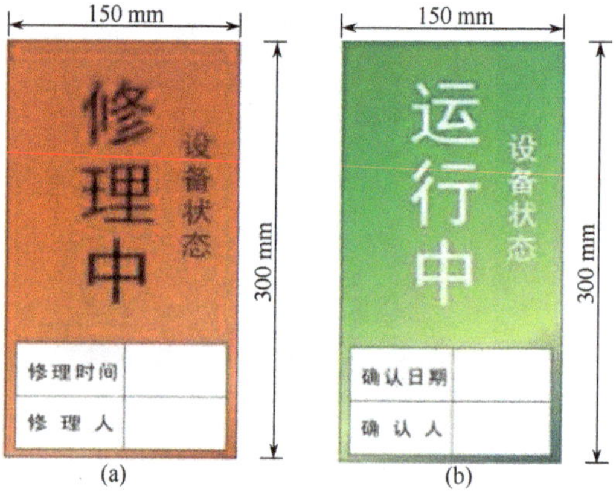

图 14-129　标示规格

41. 中修库

标　准

(1)区域划分:在通道的两旁划分出不同的检修区域,不同的区域用黄色线带进行划分(图 14-130)。

(2)通道颜色为绿色,通道与作业区用淡黄色线进行分隔。

(3)通道规格:黄色线大库区内地面标示线采用 100 mm 线宽,其他区域采用 50 mm线宽。

实际案例

图 14-130 中修库

顶棚存放架

标 准

(1)根据作业现场的需求,制作专门的顶棚存放架(图 14-131)。

(2)颜色:蓝色、黄色、灰白色。

实际案例

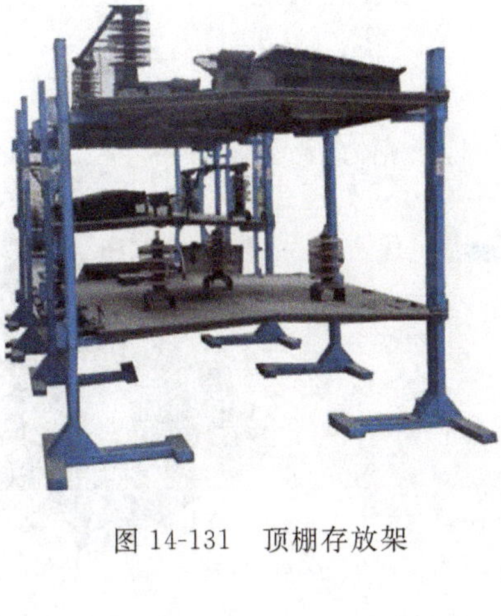

图 14-131 顶棚存放架

42. 电机库

标 准

(1)区域划分：在通道的两旁划分出不同的检修区域，不同的区域用黄色线带进行划分(图 14-132)。

(2)通道颜色为绿色，通道与作业区用淡黄色线进行分隔。

(3)通道规格：大库区内黄色地面标示线采用 100 mm 线宽，其他区域采用50 mm 线宽。

实际案例

图 14-132 电机库

(一)电机翻转机

标 准

(1)设备表面涂刷艳绿色。

(2)制作管理责任包修卡粘贴在开关盒上，制作设备操作指导书粘贴在适当位置(图 14-133)。

(3)规格：自定义。

(4)材料：PC 板单面印刷，亚克力板。

实际案例

图 14-133 电机翻转机

(二)牵引电机试验台

标 准

(1)确定牵引电机试验台的作业范围。

(2)牵引电机试验区涂黄黑相间警示色(图 14-134)。

实际案例

图 14-134 电机试验台

43. 轮对库

标 准

(1)区域划分:在通道的两旁划分出不同的检修区域,不同的区域用黄色线带进行划分(图 14-135)。

(2)通道颜色为绿色,通道与作业区用淡黄色线进行分隔。

(3)通道规格:大库区黄色内地面标示线采用 100 mm 线宽,其他区域采用50 mm 线宽。

实际案例

图 14-135 轮对库

(一)轮轴检修架

标 准

根据作业现场的需求,制作专门的轮轴检查架,推荐颜色:蓝色(图 14-136)。

实际案例

图 14-136　轮轴检修台

(二)轮对磁粉探伤机

标 准

(1)在轮对备品库设置轮对磁粉探伤机(图 14-137)。

(2)颜色:采用较为醒目的黄色。

实际案例

图 14-137　轮对磁粉探伤机

44. 电器备品库检修台

标 准

分区域设置独立的电器备品检修台位(图 14-138)。

实际案例

图 14-138 电器备品库

屏柜检修区

标 准

(1)用黄色线确定屏柜检修区域(图 14-139)。

(2)黄线规格:50 mm。

实际案例

图 14-139 屏柜检修区

45. 柴辅库

标　准

（1）区域划分：在通道的两旁划分出不同的检修区域，不同的区域用黄色线带进行划分（图 14-140）。

（2）通道颜色为绿色，通道与作业区用淡黄色线进行分隔。

（3）通道规格：大库区内黄色地面标示线采用 100 mm 线宽，其他区域采用50 mm 线宽。

实际案例

(a)

(b)

图 14-140　柴辅库

（一）柴油机翻转台

标　准

（1）在柴辅库设置柴油机翻转台，在翻转台四周划定宽 50 mm 的黄色警示线（图 14-141）。

（2）翻转台的固定架上用黑黄相间的警示线标示。

实际案例

图 14-141　柴油机翻转机

(二)检修台

标 准

在柴辅库设置备品检修台,在检修台四周划定宽 50 mm 的黄色警示线(图 14-142)。

实际案例

图 14-142 备品检修台

46. 小辅修库

标 准

(1)区域划分:在通道的两旁划分出不同的检修区域,不同的区域用黄色线带进行划分(图 14-143)。

(2)通道颜色为绿色,通道与作业区用淡黄色线进行分隔。

(3)通道规格:大库区内黄色地面标示线采用 100 mm 线宽,其他区域采用50 mm 线宽。

实际案例

图 14-143 小辅修库

落轮机

标　准

(1)落轮机区域周边用黑黄相间的警示线标示(图 14-144)。

(2)落轮机工作区域涂成红色警示色。

实际案例

图 14-144　落轮机

47. 库房管理看板

标　准

(1)看板内容:库房管理制度、安全质量检查,看板颜色不宜过多(图 14-145)。

(2)看板规格:2 400 mm×1 200 mm×700 mm。

(3)摆放位置:看板摆放位置在库内安全位置,如天车盲区或通道边。

实际案例

图 14-145　库房管理看板

48. 库房生产看板

标 准

（1）看板内容：作业网络图及生产安排表，看板颜色不宜过多（图 14-146）。

（2）看板规格：2 400 mm×1 200 mm。

（3）摆放位置：看板摆放位置在库内安全位置，如天车盲区或通道边。

实际案例

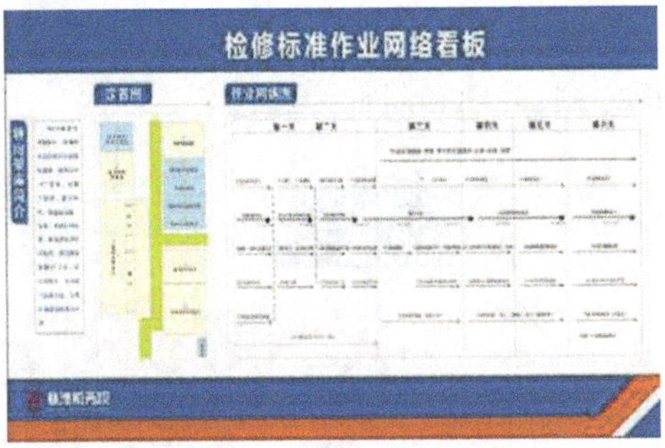

图 14-146 库房生产看板

49. 库房安全学习看板

标 准

（1）看板内容：主要张挂安全知识及案例，看板颜色不宜过多（图 14-147）。

（2）看板规格：2 400 mm×1 200 mm。

（3）摆放位置：摆放在库内安全位置，如天车盲区或通道边。

实际案例

图 14-147 库房安全学习看板

14.12 材料库

1. 禁止标志

标 准

(1)制作长方形标志牌,明确禁止内容及图案(图 14-149)。

(2)禁止标志牌应悬挂或张贴在显眼的地方。

(3)规格:250 mm×300 mm(图 14-148)。

(4)材料:PC 板单面印刷,外圈和斜杠为红色。

图 解

图 14-148 标志规格

图 例

图 14-149 禁止标志

2. 警告标注

标 准

(1)制作三角形标志牌,明确警示内容和图案(图 14-151)。

(2)警告标志牌应悬挂在显眼的地方。

(3)规格:250 mm×300 mm(图 14-150)。

(4)材料:PC 板单面印刷,黑色图案,黄色衬底。

图 解

图 14-150　标志规格

图 例

图 14-151　警告标志

3. 指令标志

标 准

(1)制作长方形标志牌,明确保护性指令内容及图案(图 14-153)。

(2)在必须穿着或设置保护用品的地方悬挂相应的指令标志牌。

(3)指令标志牌应悬挂在显眼的地方,离地面高度 2 200 mm。

(4)规格:250 mm×300 mm(图 14-152)。

(5)材料:PC 单面蓝色印刷。

图 解

图 14-152　标志规格

图 例

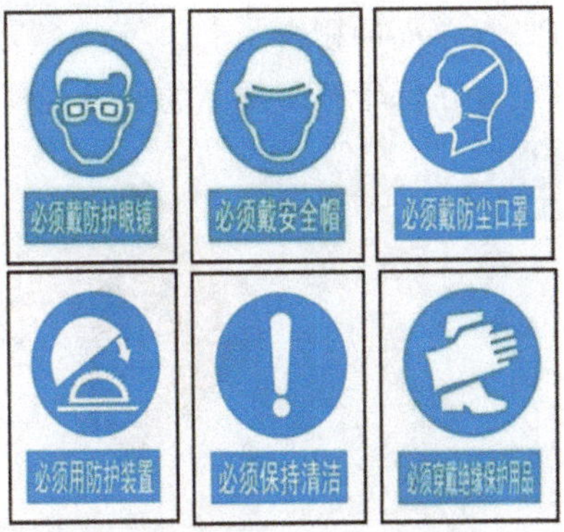

图 14-153　指令标志

4. 消防提示标志

标　准

(1)制作长方形标志牌,明确消防提示内容和图案(如图 14-155)。
(2)消防标志牌应悬挂或张贴在显眼的地方。
(3)规格:250 mm×300 mm(图 14-154)。
(4)材料:PC 板单面印刷,绿色图案。

图　解

图 14-154　标志规格

实际案例

图 14-155　紧急出口标志牌

5. 危险物品标示

标　准

(1)制作菱形标志牌,明确危险物品的内容和图案(如图 14-157)。
(2)规格:250 mm×250 mm(图 14-156)。
(3)材料:PC 板单面印刷。
(4)标志牌附着在保管危险物品的显眼位置或出入口正面。

图　例

图 14-156　标志规格

实际案例

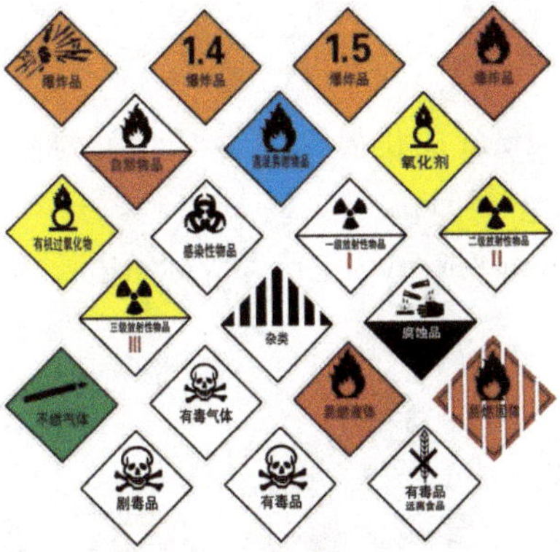

图 14-157 危险物品标志

6. 消防设施

标 准

(1)消防设施周边用黄色定置标签确定位置，并在其正上方，紧挨墙裙线粘贴铭牌。在灭火器柜右侧正上方粘贴管理责任人卡，印刷内容见图 14-159 所示。

(2)规格：铭牌 210 mm×350 mm(图 14-158)，责任人卡 90 mm×60 mm。

(3)正面印刷“灭火器”或“消火栓”红或蓝色字样。

(4)铭牌采用 PC 板印刷，标志采用不干胶印刷。

图 解

图 14-158 标志规格

实际案例

图 14-159 灭火器箱

7. 开关和电源插座

标　准

(1)在开关的正上方 20 mm 的位置粘贴灯与开关的使用指导卡,电源插座、插头一侧粘贴电压等级标示(图 14-161)。

(2)开关标示规格:90 mm×90 mm;电压等级标示边长 20 mm 的三角形(图 14-160)。

图　例

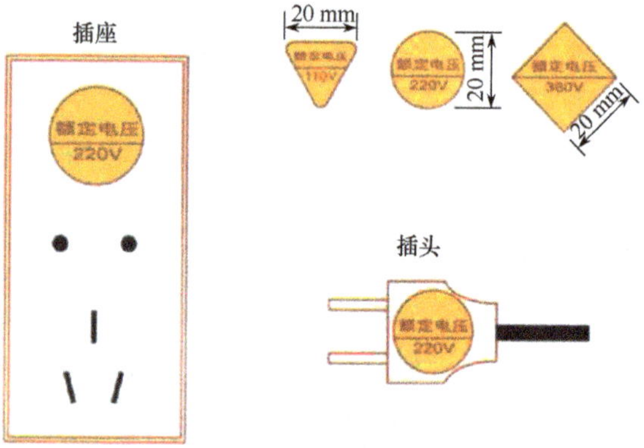

图 14-160　标示规格

实际案例

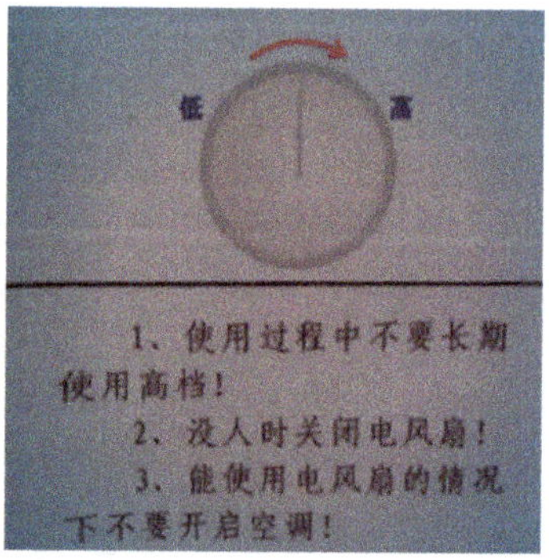

图 14-161　开关标示

8. 材料库铭牌

标 准

(1)在材料库门口应悬挂规格、样式统一的铭牌(图 14-162)。

(2)推荐规格:700 mm×500 mm。

(3)字体:方正韵动中黑简体。

(4)材料:PC 板单面印刷。

图 例

图 14-162 铭牌规格

9. 材料库颜色

标 准

库房表面颜色以浅色为主,推荐选用海灰色(图 14-163)。

实际案例

图 14-163 材料库外墙

10. 材料库大门

标 准

库房门表面严禁粘贴任何标示，库房门应灵活自如，推荐选用自动提升门，颜色推荐蓝色或灰白色(图 14-164)。

实际案例

图 14-164 库房门

11. 配件材料存放区

标 准

(1)对所有配件进行集中分类管理(图 14-165)。

(2)配件存放应分类、规范。

(3)设置取料专用通道。

实际案例

图 14-165 配件库

12. 区域铭牌

标 准

(1)在配件材料存放区悬挂规格、样式统一的铭牌(图 14-166)。

(2)推荐规格:700 mm×500 mm。

(3)字体:方正韵动中黑简体。

(4)材料:PC 板单面印刷。

图 例

图 14-166 标示规格

13. 物料架

标 准

(1)明确各物料架摆放材料的种类。

(2)物料架标示:材料存放架内配件要分类摆放,应有显示材料种类、数量、保养责任人的定置图或明细表(图 14-167)。

(3)物料架颜色:推荐使用蓝色或灰色。

(4)材料:PC 板单面印刷。

实际案例

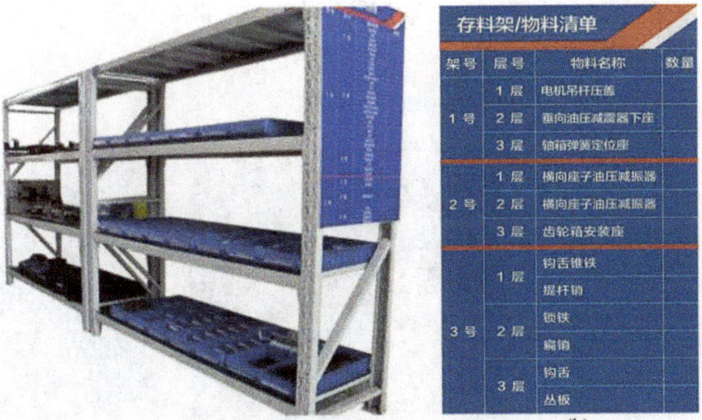

存料架/物料清单

架号	层号	物料名称	数量
1号	1层	电机吊杆压盖	
	2层	垂向油压减震器下座	
	3层	轴箱弹簧定位座	
2号	1层	横向座子油压减振器	
	2层	横向座子油压减振器	
	3层	齿轮箱安装座	
3号	1层	钩舌锥铁	
		提杆销	
	2层	锁铁	
		扁销	
	3层	钩舌	
		丛板	

(a) (b)

图 14-167 物料架

14. 物料盒

标　准

(1)物料盒标示:对小型材料进行盒装管理,在材料盒的前端,标明材料名称、规格、存放地点、最大保有量、最小保有量等。推荐采用可调式物料盒(图 14-168)。

(2)物料盒颜色:推荐蓝色。

(3)管理卡规格:自定义。

(4)材料:不干胶、纸制卡片。

实际案例

(a)　(b)

图 14-168　物料盒

15. 配件存放台

标　准

(1)所有配件不得落地存放。

(2)根据配件的大小制作相对应的配件存放台(图 14-169)。

(3)在配件存放台上粘贴相对应的配件标示。

实际案例

(a)　(b)

图 14-169　配件存放台

16. 区域布局图

标 准

(1)明确库房内区域及设备的摆放。

(2)据库房内物品料架的实际情况,制定库房布局图(图 14-170)。

(3)看板规格:2 400 mm×1 200 mm。

(4)摆放位置:悬挂或粘贴在库房入口处。

图 例

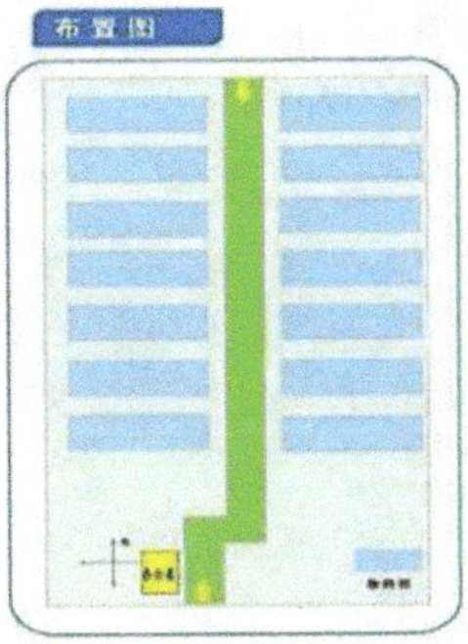

图 14-170 布局图

17. 配件动态揭示牌

标 准

(1)明确所有配件的流动及存储情况(图 14-171)。

(2)材料库内关键材料应进行动态管理,设置材料动态揭示牌,对关键材料的出/入进行记录。

(3)看板规格:2 400 mm×1 200 mm。

(4)摆放位置:悬挂在相对应的材料房内。

实际案例

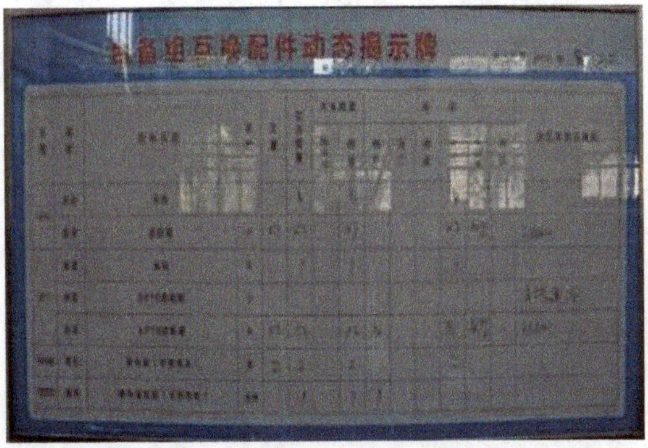

图 14-171 配件揭示牌

18. 库房日常管理看板

标 准

(1)看板内容：库房日常管理工作，如：库房卫生责任区划分图、卫生曝光台、库房卫生状态栏(图 14-172)。

(2)看板规格：2 400 mm×1 200 mm。

(3)摆放位置：摆放或悬挂在配件领取处。

图 例

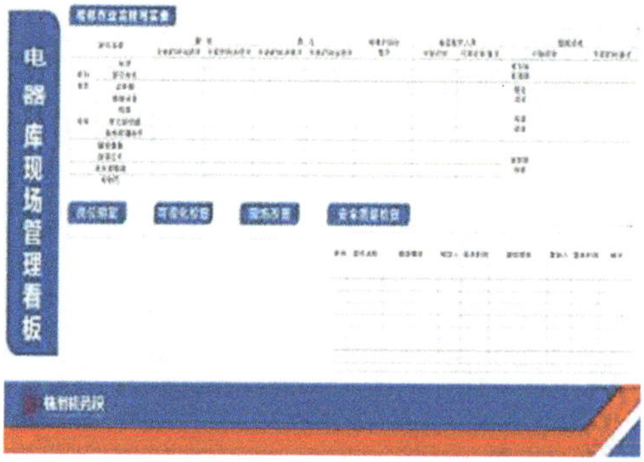

图 14-172　库房日常管理看板

19. 配件领取流程图

标 准

(1)看板内容：明确配件领取的流程(图 14-173)。

(2)看板规格：600 mm×300 mm。

(3)摆放位置：库房入口处。

图 解

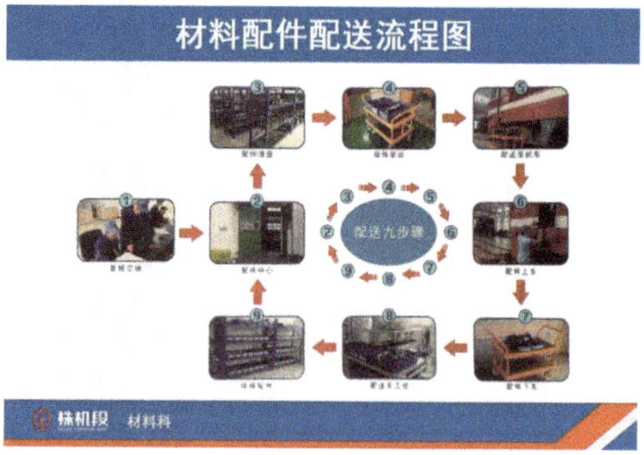

图 14-173　流程图

14.13 油库

1. 禁止标志

标 准

(1)制作长方形标志牌,明确禁止内容及图案(图 14-175)。

(2)禁止标志牌应悬挂或张贴在显眼的地方。

(3)规格：250 mm×300 mm(图 14-174)。

(4)材料:PC 板单面印刷,外圈和斜杠为红色。

图 解

图 14-174 标志规格

图 例

图 14-175 禁止标志

2. 消防设施

标 准

(1)消防设施周边用黄色定置标签确定位置,并在其正上方,紧挨墙裙线粘贴铭牌;在灭火器柜右侧正上方粘贴管理责任人卡,印刷内容如图 14-177 所示。

(2)规格:铭牌 210 mm×350 mm,责任人卡 90 mm×60 mm。

(3)正面印刷“灭火器”或“消火栓”红或蓝色字(图 14-176)。

(4)铭牌采用 PC 板单面印刷,标志采用不干胶印刷。

图　解

图 14-176　标志规格

实际案例

图 14-177　灭火箱

3. 消防通道标示

标　准

(1)所有的消防通道宽度不少于 3 500 mm。

(2)消防通道地面必须硬化。

(3)消防通道两边标记黄色实线(图 14-178)。

图　例

图 14-178　标示规格

4. 消防池

标 准

(1)消防池必须密封,防止人员坠落。

(2)消防池必须有明显标示牌(图 14-179)。

实际案例

图 14-179 消防池

5. 油库铭牌

标 准

(1)在油库门口应悬挂规格、样式统一的铭牌。

(2)推荐规格:700 mm×500 mm(图 14-180)。

(3)字体:方正韵动中黑简体。

(4)材料:PC 板单面印刷。

图 例

图 14-180 铭牌规格

6. 大门

标　准

(1)大门采用红色醒目颜色。

(2)道路平整，无杂草、杂物(图 14-181)。

实际案例

图 14-181　库门

7. 油罐

标　准

(1)罐体采用白色隔热涂层或银灰色防锈漆(图 14-182)。

(2)罐体上喷涂油罐号码。

实际案例

图 14-182　油罐

8. 阀类

标 准

(1)阀门用文字及箭头标明“开”、“关”(图 14-183)。

(2)颜色:红底黄字。

(3)规格:自定义。

(4)材料:不干胶。

图 解

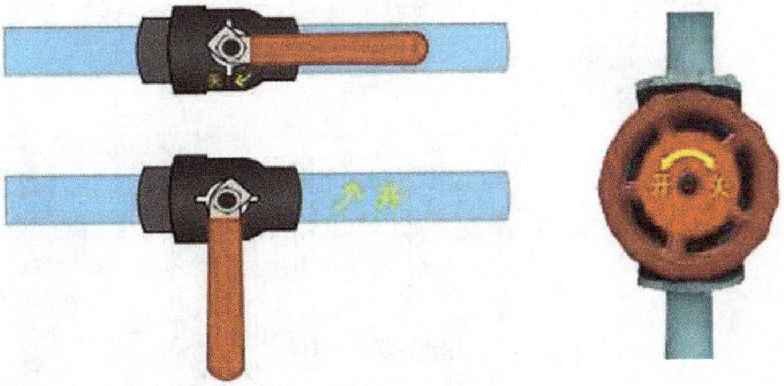

图 14-183 标示规格

9. 管道

标 准

风管颜色:风管表面涂刷天蓝色。

油管颜色:油管表面涂刷黄色。

废水颜色:废水管表面涂刷黑色。

管道流向标示:用箭头标示管道内气体、液体的流向,箭头颜色与管道颜色应为对比色(图 14-184)。

图 解

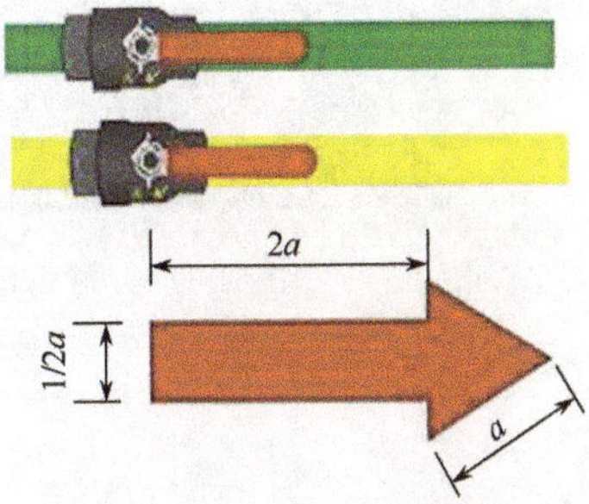

图 14-184 标示规格

10. 资料柜

标　准

(1)设置专用的资料摆放柜,每个隔层摆放的资料种类需用标签进行注释,粘贴于距资料柜边缘处(图 14-186)。

(2)按照文件夹标签的尺寸统一制作文件夹标签。

(3)文件夹进行编号管理,标签上印制编号,按编号顺序摆放文件夹。

(4)在文件夹侧面制作或粘贴成彩虹状或一条直线,直线线宽 10 mm(图 14-185)。

图　解

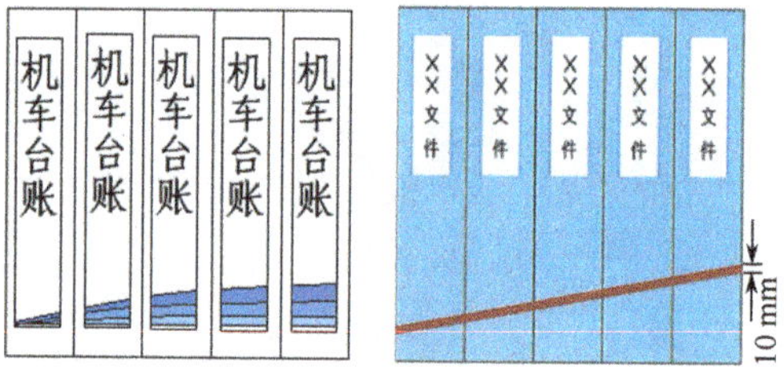

图 14-185　文件夹标示规格

实际案例

图 14-186　资料柜

11. 巡视检查标示

标　准

(1)防火堤内应设置巡视检查标示(图 14-187)。

(2)材质要求不锈钢制作,在油库巡视路线的终端位置设置。

实际案例

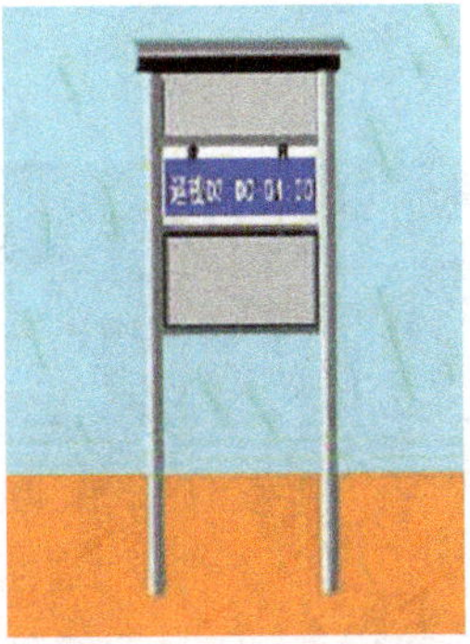

图 14-187 巡视检查牌

12. 制度牌

标准

(1)在墙上悬挂油库管理的相关制度(图 14-188)。

(2)规格:自定义。

(3)材料:PC 板单面印刷,亚克力板。

实际案例

图 14-188 制度牌

13. 油库布局图

标准

(1)根据油库内设施情况,制定油库布局图(图 14-189)。

(2)布局图放置在库区内主干道旁醒目处。

(3)规格:自定义。

实际案例

图 14-189　油库布局图

14. 入库规则牌

标　准

(1)油库大门外应醒目位置设置入库规则牌或悬挂在墙体上(图 14-190)。

(2)入库规则采用绿(或红)底白字书写。

(3)规格:自定义。

实际案例

图 14-190　入库规则牌

14.14 整备场

1. 禁止标志

标 准

(1)制作长方形标志牌,明确禁止内容及图案(图 14-192)。

(2)禁止标志牌应悬挂或张贴在显眼的地方。

(3)规格:250 mm×300 mm(图 14-191)。

(4)材料:PC 板单面印刷,外圈和斜杠为红色。

图 解

图 14-191 标志规格

图 例

图 14-192 禁止标志

2. 警告标志

标 准

(1)制作三角形标志牌,明确警示内容和图案(图 14-194)。

(2)警告标志牌应悬挂在显眼的地方。

(3)规格:250 mm×300 mm(图 14-193)。

(4)材料:PC 板单面印刷,黑色图案,黄色衬底。

图　解

图 14-193　标志规格

图　例

图 14-194　警示标志

3. 指令标志

标　准

(1)制作长方形标志牌,明确保护性指令内容及图案(图 14-196)。
(2)在必须穿着或设置保护用品的地方悬挂相应的指令标志牌。
(3)指令标志牌应悬挂在显眼的地方,离地面高度 2 200 mm。
(4)规格:250 mm×300 mm(图 14-195)。
(5)材料:PC 板单面蓝色印刷。

图　解

图 14-195　标志规格

图　例

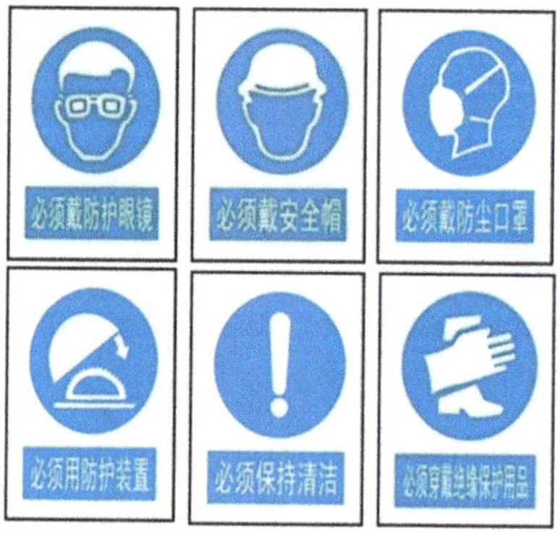

图 14-196　指令标志

4. 消防设施

标 准

(1)消防设施周边用黄色定置标签确定位置，并在其正上方，紧挨墙裙线粘贴铭牌；在灭火器柜右侧正上方粘贴管理责任人卡，印刷内容如图 14-198 所示。

(2)规格：铭牌 350 mm×210 mm，责任人卡 90 mm×60 mm。

(3)正面印刷“灭火器”或“消火栓”红或蓝色字(图 14-197)。

(4)铭牌采用 PC 板单面印刷，标示采用不干胶印刷。

图 解

图 14-197　标志规格

实际案例

图 14-198　灭火箱

5. 隔离防护信号

标 准

颜色：信号机表面涂刷灰色，底座使用黄黑相间警示色(图 14-199)。

实际案例

图 14-199　隔离防护信号

6. 道口警示标示

标 准

(1)在整备场道口设置警示标示。

(2)颜色:黄底黑字。

(3)内容:“一停二看三通过”(图 14-200)。

(4)规格:自定义。

图 例

图 14-200　道口警示标示

7. 门禁系统

标 准

(1)颜色:红色油漆标示股道代号,并标示高压危险严禁无卡登顶(图 14-201)。

(2)应有接触网状态指示器,实时显示接触网状态。

实际案例

图 14-201　门禁系统

8. 钢轨安全警示

标 准

（1）在整备场钢轨区域，距离钢轨外侧 1 050 mm 处向轨外划一条宽为 100 mm 的黄色安全线（图 14-202）。

（2）遇跨越钢轨的平交道区域时黄色安全线以虚线形式标示，两黄色安全线间的平交道区域划白色斑马线。

实际案例

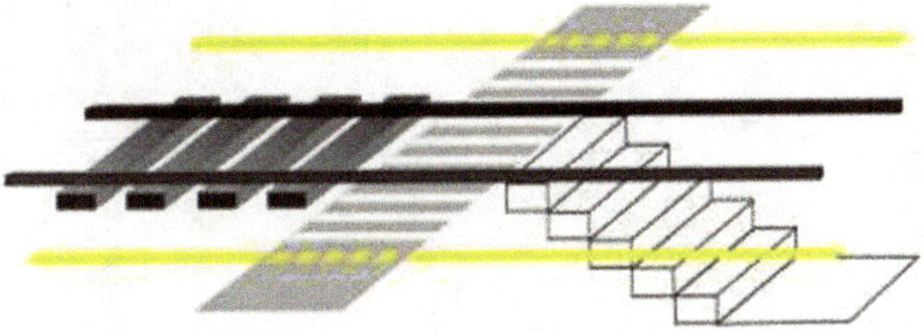

图 14-202 钢轨安全警示区域

9. 安全护栏

标 准

（1）根据设备及区域的情况安装安全防护栏。

（2）安全防护栏要易于拆除。

（3）安全防护栏颜色为黄黑相间，黄色宽度根据区域大小自定义，黄黑宽度比为 1∶1（图 14-203）。

（4）标示规格：推荐：50 mm、100 mm、200 mm。

实际案例

图 14-203 安全防护栏

10. 一度停车牌

标　准

(1)在整备场相应的地点设置一度停车标(图 14-204)。

(2)样式:红底白字,白色包边。

(3)规格:自定义。

图　例

图 14-204　标示规格

11. 撒砂地点提示牌

标　准

(1)在整备场相应的地点设置撒砂地点提示牌(图 14-205)。

(2)样式:红底白字,白色包边。

(3)规格:自定义。

图　例

图 14-205　标示规格

12. 限速牌

标 准

(1)根据实际情况在适当位置设置限速牌(图 14-206)。

(2)颜色:黄底黑字,黑色包边。

(3)规格:柱高 1 500 mm;标牌直径 300 mm。

图 例

图 14-206 限速牌

13. 开关和电源插座

标 准

(1)在开关的正上方 20 mm 的位置粘贴(灯管与开关对应图),电源插座、插头一侧粘贴电压等级标示(图 14-208)。

(2)开关标示规格:90 mm×90 mm。电压等级标示边长 20 mm 的三角形(图 14-207)。

(3)材料:不干胶。

图 解

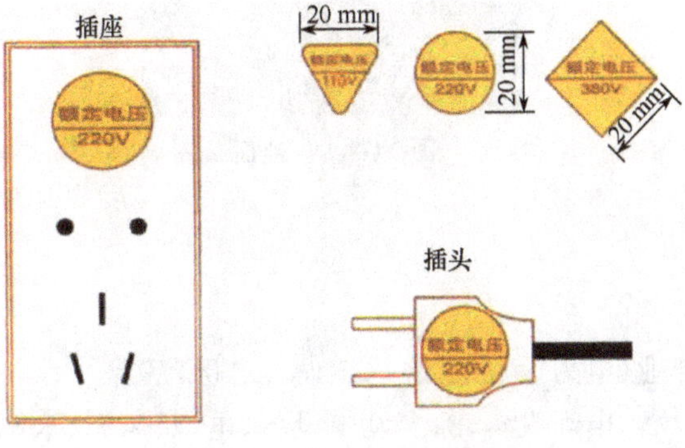

图 14-207 标示规格

实际案例

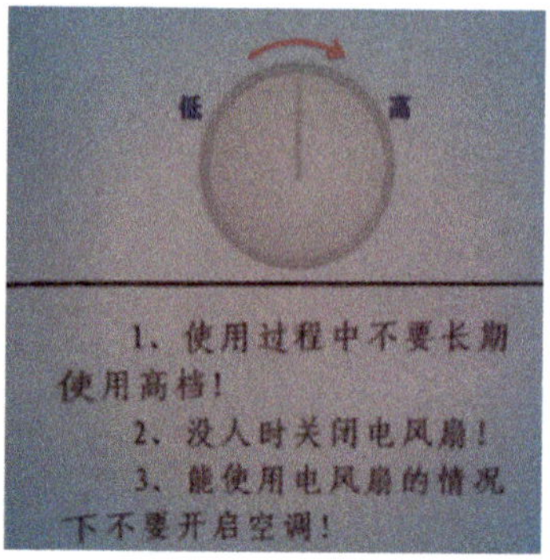

图 14-208　开关标示

14. 整备场地面

标　准

(1)水泥硬化地面的铺设高度按轨顶以下不大于 10 mm 作为标高(图 14-209)。
(2)透水砖铺设标高与水泥硬化地面一致。

实际案例

图 14-209　地面

15. 整备库

标　准

(1)设置多层作业(电力设置三层,内燃设置二层)平台。

(2)配备升降设备、电焊设备、除尘设施设备、电源、风源、水源及信号接口等设施(图 14-210)。

实际案例

图 14-210 整备库

16. 主干道

标 准

(1)主干道两边用黄色警示线标示。

(2)轨道与路边相交的区域铺设橡胶材料(图 14-211)。

(3)黄线规格:50～100 mm。

实际案例

图 14-211 主干道

17. 绿化

标　准

(1)对整备场非硬化路面进行绿化,美化环境(图 14-212)。

(2)对绿化区域进行管理责任区的划分。

实际案例

图 14-212　绿化带

18. 地沟侧墙、地面

标　准

(1)墙体应采用易维护、不易损坏的材料,推荐:不锈钢护墙(图 14-213)。

(2)护墙一端处应设有相关警示提示卡。

(3)地面应铺设防滑材料。

实际案例

图 14-213　地沟

19. 管道

标 准

风管颜色：风管表面涂刷天蓝色。

油管颜色：油管表面涂刷黄色。

废水颜色：废水管表面涂刷黑色。

管道流向标示：用箭头标示管道内气体、液体的流向，箭头颜色与管道颜色应为对比色（图 14-214）。

图 解

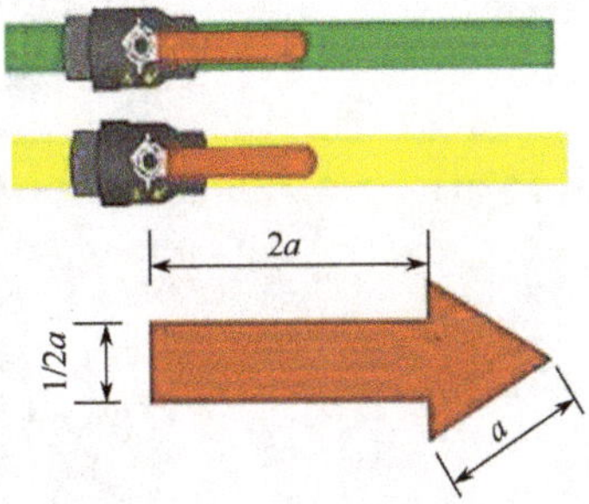

图 14-214 标示规格

20. 阀类

标 准

阀门用文字及箭头标明“开”、“关”（图 14-215）。

图 解

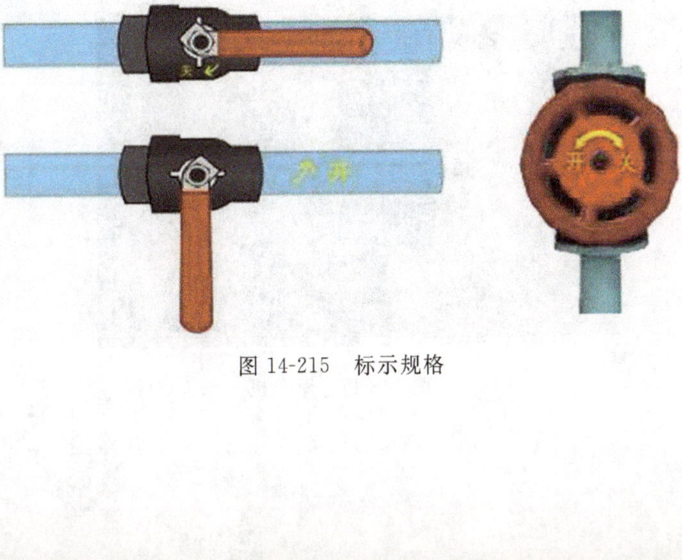

图 14-215 标示规格

21. 作业平台

标　准

(1)作业平台实行定置管理和色调管理，设备设施摆放应整齐有序、整洁干净。

(2)作业平台的侧面悬挂股道标示及相关警示标示(图 14-216)。

实际案例

图 14-216　三层作业平台

22. 牵车机

标　准

(1)按要求配备相应的牵车设备，并实行定置管理(图 14-217)。

(2)在合适位置粘贴操作指导书和管理责任人标签。

实际案例

图 14-217　牵车机

23. 摄像头

标 准

在整备棚地沟、三层作业平台及顶棚安装摄像装置(图 14-218)。

实际案例

图 14-218 摄像头

24. 燃油、滑油、水发放柱

标 准

按标准配备并进行定置管理(图 14-219)。

实际案例

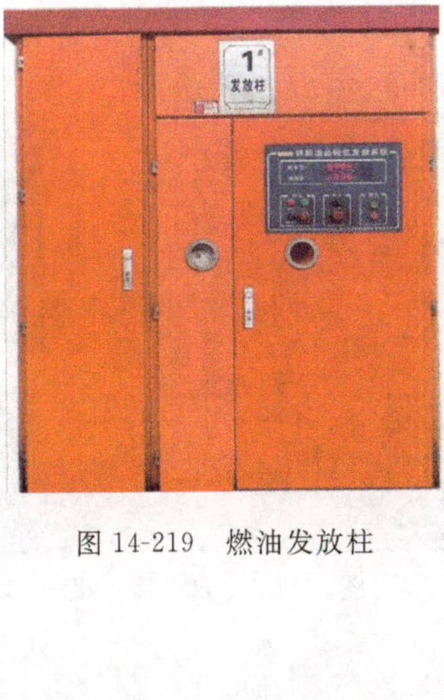

图 14-219 燃油发放柱

25. 轮对自动检测棚

标　准

(1)颜色:棚顶银灰色,支柱蓝色(图 14-220)。

(2)安全要求:在合适位置设置限速牌,并根据情况设置车号自动识别系统。

实际案例

图 14-220　轮对自动检测棚

26. 自动清洗机

标　准

在进库机走线设置自动清洗机(图 14-221)。

实际案例

图 14-221　自动清洗机

27. 砂塔

标 准

(1)明确砂塔的位置。

(2)砂塔表面涂刷黄色油漆(图 14-222)。

实际案例

图 14-222 砂塔

28. 吸污设备

标 准

(1)整备场配备吸污设备(图 14-223)。

(2)在吸污器一侧粘贴责任人管理标示。

(3)规格:自定义。

实际案例

图 14-223 吸污设备

29. 止轮器

标　准

(1)固定止轮器:由双向止轮器、支架、警示红牌、铁链组成。

(2)止轮器支架涂黄色油漆,警示红牌涂荧光红漆,警示红牌内涂黄色数字编号,铁链两头分别固定在止轮器和钢轨附近(图 14-224)。

(3)移动止轮器:采用单向止轮器,可不带支架、警示红牌和铁链。

(4)止轮器必须实行定置管理,分别编号、按编号顺序固定地点摆放、固定地点使用。

图　例

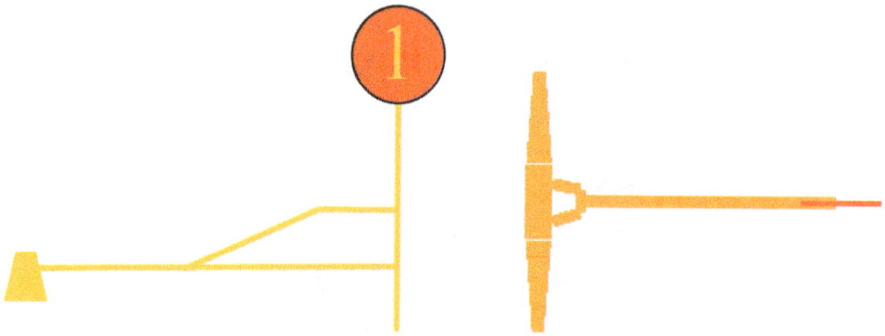

图 14-224　止轮器

30. 库房学习看板

标　准

(1)库房看板内容包括:安全事故案例、安全防护办法等(图 14-225)。

(2)规格:2 400 mm×1 200 mm。

(3)设置在库房安全通道入口旁,在其右上角粘贴责任人管理卡。

实际案例

图 14-225　库房学习看板

31. 库房管理看板的标准

标 准

(1)库房看板内容包括:库房评比、岗位明星、安全质量检查、检修作业流程检修表(图 14-226)。

(2)规格:2 400 mm×1 200 mm。

(3)设置在库房安全通道入口旁,在其右上角粘贴责任人管理卡。

图 解

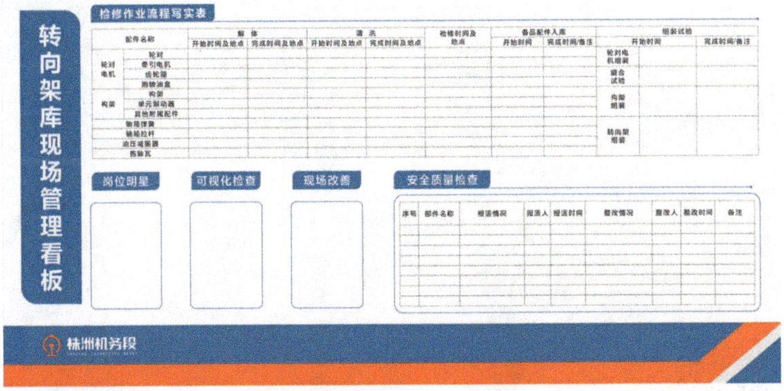

图 14-226 库房管理看板

参考文献

[1] 岳华新．全面可视化管理．北京:海天出版社,2005.
[2] 孙科柳,吴发明．全面可视化管理．北京:人民邮电出版社,2008.
[3] 松井顺一．丰田可视化管理方式/精益制造．北京:东方出版社,2013.